TATORT MITTELALTER

Berühmte Kriminalfälle

Malte Heidemann / Franziska Schäfer

TATORT MITTELALTER

Berühmte Kriminalfälle

In memoriam
Dr. Rosmarie Schäfer-Schubert
Dr. Woldemar Heidemann

ISBN: 978-3-8053-4663-4

Gestaltung: Vollnhals Fotosatz, Neustadt a. d. Donau
Umschlaggestaltung: Katja Holst, Frankfurt am Main
Umschlagabbildung: Morgenstern © Alfi - Fotolia.com
Druck: CPI books GmbH, Ulm

Printed in Germany on fade resistant and archival quality paper (PH 7 neutral) · tcf

Weitere Publikationen aus unserem Programm finden Sie unter: www.zabern.de

Lizenzausgabe für die WBG (Wissenschaftliche Buchgesellschaft), Darmstadt
ISBN: 978-3-534-26314-1

Umschlaggestaltung: Peter Lohse, Heppenheim
Umschlagabbildung: Strafen und Hinrichtungsarten 1512 © akg-images

www.wbg-wissenverbindet.de

Elektronisch sind folgende Ausgaben erhältlich:
eBook (PDF): 978-3-8053-4713-6
eBook (epub): 978-3-8053-4714-3
eBook (PDF): 978-3-534-73801-4 (für Mitglieder der WBG)
eBook (epub): 978-3-534-73802-1 (für Mitglieder der WBG)

Inhalt

Einleitung

Kriminalfälle des Mittelalters – allein das Stichwort lässt uns einen kalten Schauder den Rücken hinunterlaufen. Denn das Mittelalter wird ja oft ausgemalt als eine Zeit, in der Raubritter und Straßenräuber mit bestialischen Waffen in der Hand hinter jedem zweiten Baum arglosen Reisenden auflauerten und bigotte Kleriker vermeintliche Ketzer und Hexen folterten und verbrannten; in der es von korrupten Amtsträgern nur so wimmelte und der Glaube herrschte, dass sie nach ihrem irdischen Ableben von geifernden, bratspießbewehrten Teufeln verdientermaßen auf ewig im brodelnden Pech gesotten werden, wie uns der Florentiner Dante Alighieri dies im „Inferno", dem ersten Teil seines faszinierenden Jenseitspanoramas, im frühen 14. Jahrhundert erzählt. Und natürlich, die Kreuzzüge als Symbol der dumpfen Engstirnigkeit einer Epoche, in der Andersgläubige und Minderheiten häufig Ausgrenzung und Tod zu erleiden hatten, zudem soziale Unterdrückung mit einer unzählbaren Menge von Gewalttaten und Betrügereien jeglicher Couleur bittere Realität war – und gegen diese Orgie des Unrechts kaum ein Kraut gewachsen, da das Rechtswesen noch in den Kinderschuhen steckte …

In manchen Gesichtspunkten mag dieses Bild des Mittelalters als einer grausamen Epoche mit der Wirklichkeit übereinstimmen, in anderen aber sicher nicht. Diese Zeit war mitnichten eine rechtlose, sondern in den von den Humanisten später abfällig so bezeichneten „mittleren" Jahrhunderten zwischen 500 und 1500 herrschte im Gegenteil häufig eine sehr klare Rechtsauffassung. Nur können wir diese oft schwer greifen und kaum verallgemeinern, da sich das Recht regional sehr unterschiedlich entwickelte und lange allein in Gestalt von mündlich tradierten Rechtsgewohnheiten lebte. Und darüber hinaus ist mittelalterliches Rechtsdenken für uns häufig schwer nachvollziehbar bis befremdlich, weil sich darin moderne, uns selbstverständlich gewordene Grundsätze oft noch nicht durchgesetzt hatten. Dazu gehört etwa das Gewaltmonopol des Staates, das in Demokratien heutzutage eine unabhängige Justiz und ein fein gegliederter Beamtenapparat auf der Grundlage von für alle geltenden Gesetzen streng bewahren. Diesen

Anspruch mussten sich die Könige und andere überregionale Herrscher erst mühsam erkämpfen – nicht zuletzt gegen einen Adel, der sein Recht auf Fehde, das heißt auf rechtmäßige gewaltsame Konfliktaustragung, zäh verteidigte. Das Recht war nicht einheitlich gesetzt, sondern es wuchs allmählich aus den Bedürfnissen bestimmter Gruppen, Einungen, Schwurverbände, wozu auch die Städte gehörten. All diese Gemeinschaften bildeten ihren Zwecken dienende Rechte aus, mit denen sie ihr Zusammenleben organisierten. Von einem „Staat" kann man daher im Mittelalter noch nicht sprechen und erst recht nicht von einer Polizei, die für die Einhaltung von Recht und Gesetz hätte sorgen können. Ermittler, Kommissare, deren Beruf es ist, Straftaten aufzudecken und Übeltäter dingfest zu machen, gab es damals nicht. Wie es natürlich auch keine Staatsanwälte gab, die im Namen des „Staates" dafür hätten sorgen können, dass Täter ihrer gerechten Strafe zugeführt werden. Sie sind eine Erfindung, die sich erst im 19. Jahrhundert durchsetzte.

Doch wie wurden dann überhaupt Handlungen zum Schaden an Leib, Leben und Gut anderer verfolgt, wenn keine amtlichen Instanzen dafür existierten? Diese Frage lässt sich verhältnismäßig klar beantworten: Die zuständigen Gerichte derjenigen, die die Gerichtsbarkeit besaßen, seien es kleine Adlige, Grafen, weltliche und geistliche Fürsten oder Städte, wurden auf Anzeige eines Geschädigten tätig. Das Strafrecht des Mittelalters hatte zivilrechtlichen Charakter – der Einzelne musste seine Interessen selbst vertreten! Und wenn er die Tat beweisen konnte und ein Urteil erging, so sollte es auch vornehmlich dem Kläger dienen. Dabei war nicht wie heute, einem staatlichen Straferfordernis zu genügen, bei dem der Ausgleich für den Geschädigten meist zurückgestellt wird. Aus diesem Grundgedanken heraus galt im Frühmittelalter bis weit hinein ins Hochmittelalter ein System, das Rechtsbrüche – und dabei konnte es sich sogar um Mord handeln – mit einem Ausgleich finanzieller Art für den oder die Geschädigten „heilte". Allerdings durften nur Adlige dieses Vorrecht genießen; ein einfacher Knecht, der sich etwas hatte zuschulden kommen lassen, musste körperliche Züchtigungen oder auch den Tod gewärtigen. Dieser Grundgedanke reicht bis in die sprachlichen Bezeichnungen für Rechtsbrüche hinein, die im frühen Mittelalter alle mit einer Ableitung des modernen Wortes „Schaden" gebildet wurden. Es gab zunächst tatsächlich weder einen Begriff für „Straftat" noch für „Strafe"! Erst ganz allmählich, ungefähr ab dem 11. Jahrhundert, gewann der Gedanke des Strafens zunächst in den aufblühenden Städten die Überhand gegenüber dem materiellen Ausgleich des Geschädigten. Und bis zum Spätmittelalter, also der Phase zwischen etwa 1250 und 1500, dauerte es, ehe dann solche schillernden Begriffe wie „Verbrechen“ und „Untat“ entstanden. In der rechtshistorischen Forschung hat dieser Vorgang den Namen „Entdeckung der Strafe“ erhalten, der eine sich über Jahrhunderte erstreckende Entwicklung bezeichnet.

Etwas anders stellt sich die Situation beim sogenannten Inquisitionsprozess dar, der keineswegs eine Erfindung der Kirche ist, aber vornehmlich von der Kirche ab dem 13. Jahrhundert zur Ketzerbekämpfung genutzt wurde. Dabei bedeutete er zunächst eigentlich einen klaren Verfahrensfortschritt und ersetzte archaische Formen wie Gottesurteile und Reinigungseide durch eine rationale Beweisführung. Hier schritt eine Behörde auf Anzeige oder aufgrund eines Verdachtes ein. Die Rechte der Angeklagten sollten zunächst in jedem Falle gewahrt bleiben. Im Laufe der Zeit hat die kirchliche Inquisition diese aber immer mehr eingeschränkt, bis ihrem Terror kaum ein Angeklagter mehr entrinnen konnte. Der Inquisitor vereinte auf sich die Funktionen des Klägers und des Richters gleichermaßen. Als besonders menschenverachtend empfinden wir die Anwendung der Folter zur Findung dessen, was man damals als Wahrheit verstand. Ohne Geständnis (oder auch die Aussage von Zeugen, die den Delinquenten auf „handhafter“, also frischer Tat beobachtet hatten) konnte es kein Urteil geben. Der neuzeitliche Indizienprozess war noch nicht geboren. Die Folter stammt aus der Antike; sie wurde im Zuge der Wiederentdeckung des römischen Rechtes eingeführt und hat bis weit in die Neuzeit hinein Angst und Schrecken verbreitet.

Dies verweist auf ein weiteres Charakteristikum mittelalterlichen Strafrechtes: das starke Hervortreten körperlicher Strafen. Bis zur neuzeitlichen Zurückhaltung, dem Körper eines Menschen Schaden zuzufügen, war noch ein weiter Weg zurückzulegen. Die ab dem Hochmittelalter immer mehr aufkommenden Leib- und Todesstrafen verfolgten den Zweck, am Delinquenten Vergeltung für sein Verbrechen zu üben und nebenbei die beim Vollzug anwesenden Zuschauer von der Nachahmung abzuschrecken. Die Sühne stellte die gebrochene Ordnung wieder her. Deshalb spiegelte die Strafe mitunter die begangene Missetat und so kam es, dass Brandstifter verbrannt wurden und Falschmünzer in heißem Öl starben, weil sie mit der Methode des Weißsiedens ihr minderwertiges Geld aufpoliert hatten. Verallgemeinern lässt sich auch dies nicht, aber eine Tendenz dorthin ist erkennbar. Außerdem sollte die einem Dieb abgeschlagene Hand später alle daran erinnern, dass sie es mit einem solchen zu tun hatten. Diese Menschen waren für den Rest ihres Lebens gezeichnet.

Und ein Weiteres können wir sagen: Das, was wir heute als Integration oder gar Inklusion bezeichnen, war sicher kein Charakteristikum des Mittelalters. Wer am Rand der Gesellschaft lebte, blieb in der Regel ausgeschlossen von den Vorteilen, die eine große Gemeinschaft bieten kann: Respekt und Ansehen, Schutz vor gewissen Unwägbarkeiten des Lebens – und leider häufig auch vom Recht. Egal, ob nun Jude, Muslim, (vermeintlicher) Ketzer, Krimineller, Vagabund, Homosexueller, Prostituierte, Aussätziger, sie alle ermangelten der Achtung durch die Mehrheitsgesellschaft und hatten Ablehnung, Verfolgung und einen Zustand der Rechtlosigkeit zu erwarten, zumindest vorübergehend und in verschiedenen Teilen Europas.

Das Arsenal der Verbrechen, die ein mittelalterlicher genauso wie ein antiker Mensch oder ein Zeitgenosse des 21. Jahrhunderts begehen konnte oder kann, ändert sich grundsätzlich nicht: Mord in all seinen Varianten, Gewalttaten, Entführung, Diebstahl und Raub, die verschiedenen Formen des Betruges, mit denen andere übervorteilt werden. Letztere sind vermutlich noch die am stärksten zeitbedingten, denn Internetabzocke und Aktienbetrug wären auch den klügsten Denkern etwa des 12. Jahrhunderts genauso wenig verständlich zu machen gewesen, wie der Schadenzauber samt dem dahinterstehenden Weltbild für die meisten Menschen heute noch in irgendeiner Form nachvollziehbar ist. Er galt der vormodernen Welt jedoch als so real, dass ihn die Peinliche Gerichtsordnung Kaiser Karls V. von 1532, also bereits in der frühen Neuzeit, mit Selbstverständlichkeit in die Liste der todeswürdigen Delikte aufnahm.

Aber das Mittelalter kennt noch weitere Spielarten der Untat und des Verbrechens, die wir nicht mehr als Straftaten akzeptieren können: So war die Felonie, der Treuebruch eines Gefolgsmannes gegenüber seinem Herrn, dem er zu Rat und Hilfe verpflichtet war, als außerordentlich schmählich angesehen und brachte den Verlust von rechtlicher und wirtschaftlicher Sicherheit. Dies konnte in der damaligen Zeit mit ihrer weit geringeren Abfederung von Lebensrisiken, als wir sie heute kennen, den Tod bedeuten. Und zu den schweren Vergehen zählte insbesondere auch die Ketzerei, damals ein massiver Verstoß gegen die von Gott geschaffene Ordnung und eine Verbündung mit den Mächten des Bösen, die meist die Hinrichtung des vermeintlichen Delinquenten auf dem Scheiterhaufen nach sich zog. Der Akt des Verbrennens sollte der Läuterung der Seele dienen. Hier wurden im 13. Jahrhundert Strukturen geschaffen, die bis weit in die Neuzeit hinein Bestand hatten und sich für die Betroffenen katastrophal auswirkten. Ketzerei als Auflehnung gegen Gott zwang außer der Kirche auch den weltlichen Herrscher zum Eingreifen; in diesem Sinne kennzeichnete sie Kaiser Friedrich II. als Majestätsverbrechen und dementsprechend übernahm der weltliche Arm seit 1224 die Exekution der Verurteilten.

In der Perspektive des Mittelalters lassen wir Ketzerei hier als Kriminalfall zu. Dies gibt uns die Möglichkeit, zwei der bedeutendsten Prozesse der Weltgeschichte mit in unseren Blick zu nehmen, die beide Ketzerprozesse gewesen sind: Die Rede ist einerseits von dem böhmischen Theologen und Kirchenreformer Jan Hus, der trotz einer Zusage freien Geleits durch den römisch-deutschen König Sigismund auf dem Konstanzer Konzil im Jahr 1415 verbrannt wurde. Und wir betrachten den Fall der kriegerischen Jungfrau Jeanne d'Arc, einer ebenso charismatischen wie rätselhaften Gestalt mit Auditionen, die während des Hundertjährigen Krieges zwischen England und Frankreich lebte. Mit Mut gelang es ihr, das Kriegsglück des französischen Heeres entscheidend zu wenden, was ihr aber auch zum Verhängnis gereichte. Sie endete 1431 ebenfalls als Ketzerin auf einem englischen Scheiterhaufen.

Es gab jedoch nicht nur Einzelfälle von vermeintlicher Irrlehre, sondern auch ganze Massenbewegungen. Die stärkste und einflussreichste im gesamten Mittelalter war die der Katharer und Albigenser. Ihre Geschichte wurde in Deutschland mit der Lynchjustiz einer aufgeputschten Volksmenge 1143 bei Köln manifest, mündete später in einen grauenhaften, 20 Jahre dauernden Kreuzzug in Südfrankreich und verlief sich schließlich im Dunkel der Zeit. Da Ketzerei generell mit dem Kampf der Kirche gegen die Katharer eine massive Kriminalisierung erfuhr, werfen wir auch einen Blick auf diese Bewegung.

Bewusst verzichtet haben wir hingegen auf eine Beschäftigung mit den Hexenprozessen, die im allgemeinen Bewusstsein immer noch mit dem „finsteren Mittelalter" verbunden werden. Dies steht aber im klaren Gegensatz zu den Erkenntnissen der Geschichtswissenschaft. Zwar wurden einige Fundamente des späteren Hexenglaubens durchaus im ausgehenden Mittelalter gelegt – wozu in erster Linie der bereits erwähnte Schadenzauber gehört –, aber sie fanden damals noch keine allgemeine Anerkennung als strafwürdige Vergehen. Die tatsächlichen Fälle von Hinrichtung wegen Zauberei sind im Mittelalter daher vereinzelt und betrafen nicht nur Frauen, sondern auch Männer. Hexenverfolgung als Massenwahn ist dagegen ein Krisenphänomen der frühen Neuzeit, das in mehreren Wellen zwischen dem späten 16. und der Mitte des 17. Jahrhunderts in Europa Zehntausenden von Menschen das Leben gekostet hat.

Überaus real zu allen Zeiten war und ist Mord. Auch die Epoche, mit der wir uns hier beschäftigen, macht da natürlich keine Ausnahme. Wir haben einige Fälle ausgesucht, die zu ihrer Zeit Aufsehen erregt haben. Was zunächst Königsmord angeht, so liegen im Mittelalter verschiedene Beispiele dafür vor, man denke im römisch-deutschen Reich an Philipp von Schwaben 1208 und Albrecht I. 1308 oder in England an Richard II. 1399. Wir haben uns jedoch für den englischen König Edward II. entschieden; er wurde 1327 von oppositionellen Adligen getötet, denen sich sogar seine Frau angeschlossen hatte. Dieser Fall ist auch deswegen so interessant, weil Edward zeitlebens homosexuelle Neigungen nachgesagt wurden und wir hier nebenbei aufnehmen können, wie das Zeitalter zu gleichgeschlechtlicher Sexualität stand. Ganz anders gelagert ist das Schicksal der armen Maria von Brabant, Ehefrau des ebenso eifersüchtigen wie rabiaten bayerischen Herzogs Ludwig II., den die Nachwelt „der Strenge" genannt hat. Es zeigt, welch tragische Ereignisse auch ein nur vermuteter Ehebruch nach sich ziehen konnte. Finsterste Machtkämpfe am französischen Königshof führten 1407, während des Hundertjährigen Krieges, zur Ermordung Ludwigs von Valois, des Herzogs von Orléans und zugleich Bruders des geistig umnachteten Königs Karl VI. Johann Ohnefurcht, der Herzog des für seine höfische Kultur eigentlich ja weithin gerühmten burgundischen Reiches, beauftragte die Meuchelmörder. Damit löste er einen Bürgerkrieg in Frankreich aus, welcher den Hundertjährigen Krieg mit England noch überlagerte und verschärfte. Seine Tat blieb juristisch ungesühnt, er fiel 1419 jedoch selbst einem Attentat zum Opfer, das aus dem Umfeld des französischen Thronfolgers heraus begangen wurde.

Wir haben zwei Massenmorde in die Darstellung mitaufgenommen: Ein markantes Beispiel für Gewaltexzesse gegen religiöse Minderheiten bietet der sogenannte „Rintfleisch-Pogrom“, der 1298 zur Tötung von fast dreieinhalbtausend Juden in süddeutschen Städten führte. Dem reichen Templerorden wurde in Frankreich nach 1307 mit geradezu modernen polizeistaatlichen Mitteln der Garaus gemacht. Dies beweist nebenbei, wie sehr sich in manchen Ländern gegen Ende des Mittelalters bereits eine effiziente Verwaltung herausgebildet hatte, die sich ganz unorthodox neue Geldquellen erschloss.

Kommen wir zu den Gewalttaten, bei denen die Opfer meist mit dem Leben davonkamen. Dazu zählt zunächst eine spektakuläre Entführung aus dem Jahr 1062, als eine einflussreiche Gruppe um den Kölner Erzbischof es wagte, sich des minderjährigen Königs Heinrich IV. zu bemächtigen. In diesem Fall nahm die Angelegenheit ein gutes Ende: Das Kind kam frei und konnte später seine Herrschaft antreten. Anders sah das im Falle des unglückseligen Philosophen Petrus Abaelard aus. Ihm wurde die Liebe zu seiner Schülerin Heloisa zum Verhängnis, denn die Familie des Mädchens ließ ihn entmannen und riss das Paar für den Rest seines Lebens auseinander. Vom Gipfel der Macht stürzte der stolze Welfe Heinrich der Löwe, Herzog von Sachsen und Bayern, der vor allem in seinen norddeutschen Landen rücksichtslos die Rechte anderer verletzt und den Landfrieden gebrochen hatte. Nachdem er auch Kaiser Friedrich Barbarossa seinen Hochmut hatte spüren lassen, ließ dieser ihn fallen und gab den zahlreichen Klagen seiner Feinde statt. Und noch auf einer ganz anderen Ebene liegen die Verbrechen des Klaus Störtebeker, der mit seinen Piraten Nord- und Ostsee unsicher machte und schließlich in die Hände der Hamburger fiel. In der Hansestadt verlor er 1401 Kopf und Leben.

Eine letzte Gruppe von Kriminalfällen behandelt die Aneignung fremden Gutes sowie verschiedene Formen des Betruges. Was ist Schenkung, was ist Diebstahl? Normalerweise sollte diese Frage klar zu entscheiden sein. Wenn sie jedoch einen Herrscher wie den römisch-deutschen Kaiser Karl IV. betrifft, der als sehr fromm galt und sich ebenso freundlich wie nachdrücklich Heiligenreliquien übertragen ließ, so erhält die Angelegenheit eine pikante Note. Die betroffenen Untertanen haben schließlich eine geschickte Methode entwickelt, sich den Begehrlichkeiten ihres Oberherrn zu entziehen. Dass auch ein ganzes Land von einem Betrug profitieren kann, mag ein Blick nach Österreich beweisen, dessen Herzog Mitte des 14. Jahrhunderts versuchte, sich mit einem Bündel gefälschter Urkunden, dem sogenannten Privilegium maius, weitaus mehr Rechte zu verschaffen, als er eigentlich besaß. Erfolg hatte er mit dieser Dreistigkeit zunächst nicht, seine Nachfahren hundert Jahre später schließlich aber doch. 1406 verfiel der Münzmeister von Thann im Elsass einem typischen Todesurteil: Da er Falschgeld hergestellt hatte, nahm sein Leben in einem Kessel mit siedendem Öl ein jähes Ende. Und das letzte Kapitel unseres Büchleins widmen wir dem Nürnberger Ratsherrn Niklas III. Muffel, der 1469 wegen Unterschlagung städtischer Gelder und Geheimnisverrats den unehrenhaften Tod eines Diebes am Galgen erlitt.

Wir haben also überwiegend prominente Verbrechen des Mittelalters ausgewählt, die naturgemäß häufig in den oberen Gesellschaftsschichten begangen wurden. Dementsprechend wissen wir meist sehr gut über die Umstände dieser Taten Bescheid; was die kleinen Leute sich haben zuschulden kommen lassen, lässt sich in der Regel nicht so gut nachverfolgen. Damit ist verbunden, dass die Darstellungen stark ins Politische tendieren – die Entführung Heinrichs IV., der Sturz Heinrichs des Löwen, die Beseitigung der Templer, der Mord an Edward II., die Fälschung des Privilegium maius, die Morde im Frankreich des frühen 15. Jahrhunderts sowie die Hinrichtungen der Jeanne d'Arc und des Jan Hus waren alle hochpolitische Ereignisse, die nur in diesem Kontext erklärbar sind. Dies gilt auch dort, wo es nicht auf den ersten Blick zu erkennen ist: etwa bei Störtebeker und seinen Seeräubern, die politisch missbraucht wurden, bei den Judenschlägern des „Königs Rintfleisch“ oder beim Münzmeister von Thann, dessen Betrugsform weitreichende und verheerende Folgen haben konnte und aus diesem Grund unter schwerster Strafe stand. Die juristische Dimension tritt auch deswegen in den meisten dieser Fälle zurück, weil sie häufig ungesühnt geblieben sind – vor den aufgeklärten Zeiten mitunter ein Privileg der Mächtigsten, denn wo kein Kläger, da auch kein Richter. Daneben machen wir an verschiedenen Stellen auch auf kirchengeschichtliche und theologische Gesichtspunkte aufmerksam, die natürlich am ehesten bei den Ketzerprozessen eine Rolle spielen, aber auch bei Abaelard und den Reliquien Kaiser Karls IV.

Bevor wir nun den Blick in die Abgründe mittelalterlicher Menschen wagen, sei noch darauf hingewiesen, dass die Darstellungen auf den im Literaturverzeichnis angegebenen Werken beruhen, ohne dass wir Einzelnachweise angeben. Da dieses Buch keine neuen wissenschaftlichen Erkenntnisse vermitteln, sondern bereits Erforschtes allgmeinverständlich darstellen soll, haben wir auf Fußnoten völlig verzichtet. Soweit nicht anders angegeben, stammen die Übersetzungen der Quellentexte von den Autoren.

Der entführte König: Der elfjährige Heinrich IV. zwischen den Fronten der Großen des Imperiums (1062)

Der elfjährige König war bester Laune. Gerade hatte er gemeinsam mit seiner Mutter und etlichen Großen des Reiches vorzüglich gespeist. Die Stimmung war ungezwungen und heiter, Musikanten spielten im Hintergrund auf. Da erhob sich Erzbischof Anno von Köln, trat an das Kind heran und kündigte ihm eine hübsche Überraschung an: Am Ufer wartete ein eigens für ihn hergerichtetes Schiff, das ihm der Oberhirte gerne zeigen wollte. Begeistert folgte ihm der Knabe und staunte über die herrliche Ausstaffierung des Schiffes mit Fahnen und Wimpeln. Aber mit einem Mal lösten die Schiffsleute die Leinen und ruderten mit kräftigen Schlägen zur Flussmitte. Der junge König brach in Panik aus, weil er einen Mordanschlag befürchtete. Er überlegte nicht lange und sprang in die Fluten. Als das kalte Wasser ihn umtoste, erkannte er, dass er nun erst recht in Lebensgefahr schwebte. Kaum spürte er mehr die rettenden Arme, die ihn wieder auf das Schiff zogen. Er lebte, aber das Schiff brachte ihn fort von seiner Mutter und dem großen Fest. Heinrich IV. war entführt worden.

Wie so viele Geschichten hatte auch diese mit etwas sehr Schönem begonnen – der Geburt eines Kindes. Endlich, seufzt der Universalgelehrte Hermann von Reichenau in seiner Chronik. Denn Kaiser Heinrich III. aus dem Haus der Salier hatte bereits vier Töchter, als am 11. November 1050 sein erster Sohn geboren wurde, der zunächst nach dem Großvater den Namen Konrad erhielt. Dies war der lang erwartete Thronfolger, mit dem der Kaiser die Herrschaftsfolge seiner Dynastie sichern wollte. Und er zögerte nicht lange. Als zu Weihnachten in Pöhlde am Südrand des Harzes alle Großen aus dem ganzen Reich zusammengekommen waren, ließ er sich von ihnen seinen noch ungetauften Sohn als Thronerben bestätigen. An dem darauffolgenden Osterfest wurde er dann auch getauft – nun auf den Namen Heinrich – und kein Geringerer als Abt Hugo von Cluny nahm die Rolle des Taufpaten ein.

Doch dem Salier war die Anerkennung seines Thronfolgers noch nicht sicher genug, weil es in den Jahren zuvor große Spannungen zwischen ihm und den Fürsten des Reiches gegeben hatte. Er ließ es bei der einmaligen Königsweihe nicht bewenden und veranlasste im November 1053 eine weitere Wahl seines Sohnes zum ebenbürtigen König, dem die Fürsten Unterwerfung schwören mussten. Auch in seinem Testament, das er im Oktober 1056, kurz vor seinem Tod, aufsetzte, betonte der Kaiser noch ein drittes Mal seinen Nachfolgewunsch. Als sein Vater starb, hatte Heinrich IV. seinen sechsten Geburtstag noch nicht erreicht. Immerhin war ihm nun der Weg auf den römisch-deutschen Königsthron geebnet. Seine Herrschaft hätte er auch gleich antreten können – wenn, ja wenn er nicht noch minderjährig gewesen wäre.

Also musste vorläufig ein Stellvertreter seinen Platz einnehmen. Wer kam dafür überhaupt in Frage? Denkbar war einerseits eine Gestalt aus dem Kreis der weltlichen und geistlichen Fürsten, die den jungen Heinrich gewählt hatten; und zum anderen bewegte sich Heinrichs Mutter, die Kaiserin Agnes, auf der politischen Bühne. Aus den zeitgenössischen Quellen erfahren wir, dass die weltlichen Fürsten – bestimmte Namen fallen in diesem Zusammenhang nicht – das Kind der Kaiserin Agnes zur Erziehung übergeben und ihr die Regentschaft übertragen haben. Demnach hatte also Heinrichs Mutter die Vormundschaft übernommen. Eine Frau stand tatsächlich an der Spitze des Imperiums! Das war für die damalige Zeit eine sehr besondere Situation, die die Reichsfürsten kaum ohne wirklich triftigen Grund hingenommen hätten. Auf der Seite von Agnes und Heinrich muss demnach mindestens ein starker Verbündeter gestanden und diese Akzeptanz gefördert haben. Doch wer war dafür mächtig genug? Da sich der weltliche Adel im Hintergrund hielt, konnte es sich nur um einen geistlichen Fürsten handeln. Kein Geringerer als der Papst übernahm in diesem Moment der Unsicherheit die Fürsprache: Victor II., der zusammen mit den anderen Reichsfürsten den neuen König gewählt, in dessen Obhut der sterbende Heinrich III. seinen Sohn gegeben und der den verstorbenen Kaiser in Speyer bestattet hatte. Victor brachte den neuen König im direkten Anschluss an die Begräbnisfeierlichkeiten auch nach Aachen und setzte ihn auf den Thron Karls des Großen, um allen im Reich den Thronwechsel als vollzogen und gültig bekannt zu machen. Der Papst hatte demnach großen Anteil an Heinrichs Anerkennung. Aber nicht nur das: In der Folgezeit erreichte er außerdem, dass die Fürsten Kaiserin Agnes als Stellvertreterin nicht nur akzeptierten, sondern ihr auch unter Eid das Versprechen gaben, dass sie im Fall von Heinrichs IV. frühzeitigem Tod einen bindenden Wahlvorschlag für den neuen König abgeben dürfe. Zudem würden die Fürsten nicht ohne ihr Einverständnis den Nachfolger wählen. Diese Zusage zeigt uns, dass Agnes als voll regierungsfähiges Oberhaupt der salischen Dynastie anerkannt worden ist – ein eindeutiges Verdienst des Papstes. Trotz des frühen Todes Heinrichs III. und der Minderjährigkeit des neuen Königs standen die Zeichen für die Zukunft günstig. Doch wo Licht ist, gibt es auch Schatten! Das Engagement Victors weckte böse Stimmen, die behaupteten, dass er im Geheimen sogar die Regentschaft für den Kindkönig und die Kaiserin übernommen habe. Die Zweifel an dieser Behauptung sind berechtigt, weil die Quellen dem Papst lediglich eine Vermittlerrolle bei wichtigen Verhandlungen mit den Reichsfürsten zusprechen und immer wieder betonen, dass die Herrschaft bei Agnes und ihrem Sohn lag. Victor II. übte also mit Sicherheit großen Einfluss auf die politischen Entwicklungen am Königshof aus, aber er lenkte Heinrich und seine Mutter nicht wie Marionetten, um in seiner Person die Kaiser- und Papstgewalt zu vereinen. Mit Hilfe des Papstes war der Thronwechsel glücklich und fast problemlos gelungen.

Doch dann zogen sich dunkle Wolken am politischen Himmel zusammen: Mit dem Tod Victors am 23. Juli 1057 verloren der junge König und seine Mutter diesen wichtigen Verbündeten. Die anfängliche Hochstimmung verflog angesichts der sich abzeichnenden Probleme schnell. Die Annalen des Klosters Niederaltaich berichten über das Jahr 1060 betrübt, dass es schmerzensreiche Zeiten gewesen seien, da der König ein Knabe gewesen und die Mutter gemäß ihrer weiblichen Natur leicht den Ratschlägen gewisser Leute gefolgt sei. Die Zeitgenossen zeichnen das Bild einer versagenden Regentin. Was war geschehen? Am Königshof müssen Ministeriale, also unfreie königliche Dienstleute, in führende Positionen gelangt sein, die sonst vom Adel besetzt wurden. So übernahm zum Beispiel der Ministeriale Kuno die Erziehung des jungen Heinrich. Aber auch andere Unfreie traten zunehmend in den politischen Vordergrund und zogen den Hass des Adels auf sich. Vor allem, dass sie die Ansichten des Königs beeinflussen und formen konnten, rief größte Bedenken bei den Fürsten hervor.

Um einen festeren Regierungskurs verfolgen zu können, bevorzugte die Kaiserin fortan Bischof Heinrich von Augsburg als ihren persönlichen Ratgeber und überging damit viele einflussreiche Männer wie Erzbischof Anno von Köln und Bischof Adalbert von Hamburg-Bremen – zwei miteinander konkurrierende Männer, die an den folgenden Ereignissen wichtigen Anteil tragen sollten. So finden wir die Chronisten in zwei Lager aufgespalten und jedes berichtet zugunsten des eigenen Kandidaten: Sowohl von dem einen als auch von dem anderen lesen wir, Heinrich III. hätte ihn kurz vor seinem Tod zum Tutor und Lehrer seines Sohnes und Nachfolgers bestimmt. Er sei also vom Kaiser höchstpersönlich dazu auserkoren worden, den noch unmündigen König bis zum Erwachsenenalter zu lenken und zu formen. Also nicht der Ministeriale Kuno, sondern Anno respektive Adalbert sei für die Erziehung des Königs der Richtige.

Doch damit nicht genug. Mit der Wahl Heinrichs von Augsburg nicht nur zum Erzieher ihres Sohnes, sondern auch zu ihrem ersten Ratgeber zog Kaiserin Agnes erheblichen Ärger auf sich. Nachdem der Bischof für seine Unterstützung mehrere Schenkungen erhalten hatte, unterstellte man den beiden ein unzüchtiges Verhältnis. Die Kaiserin reagierte äußerst verbittert auf diese Vorwürfe. Am Hof herrschte ein zunehmend schärferer Ton. In dieser ohnehin angespannten Situation kam noch eine dritte Entwicklung hinzu, die die Kaiserin noch härter traf. Agnes galt als sehr fromme Frau. Mit dem Tod von Papst Victor II. waren auch die guten Verbindungen nach Rom abgerissen. Unter seinen Nachfolgern, Stephan IX. und Nikolaus II., wurden die Rechte des römisch-deutschen Königs und künftigen Kaisers bei der Papstwahl und der Besetzung der Bischofsstühle drastisch eingeschränkt. In der Folge kam es zu einem Bruch mit Rom und die Kirche wurde nach dem Tod Nikolaus' II. von einem Schisma, also der gleichzeitigen Wahl von zwei Päpsten, zerrissen. Damit war die fromme Kaiserin zum Ende des Jahres 1061 zur Gegnerin Roms geworden. Das war zu viel für sie! Es muss sie derart erschüttert haben, dass sie ihre königlichen Gewänder ablegte und den Schleier nahm. Sie schwor, ihr restliches Leben in Ehelosigkeit, Askese und Frömmigkeit zu verbringen, ohne jedoch in ein Kloster einzutreten. Eine solche Lebensführung ließ sich aber natürlich nicht mit den Verpflichtungen einer Regentin vereinbaren.

Nun sollte sich Unheil über dem Kopf des kleinen Königs zusammenbrauen: Einige Fürsten hatten den unerhörten Plan gefasst, den inzwischen elfjährigen Heinrich zu entführen und so die Regierung des Reiches in die eigenen Hände zu nehmen. Lampert von Hersfeld berichtet als einziger zeitgenössischer Chronist über die Geschehnisse im April 1062 in aller Ausführlichkeit. Da alle anderen Quellen seinen Beschreibungen folgen, bestehen keine Zweifel an ihrer Richtigkeit, denn seine Darstellung enthält weder Unmögliches noch Unwahrscheinliches. Zudem ist belegt, dass Lampert drei Monate später persönlich mit dem König und Anno von Köln in Hersfeld zusammentraf und dort wohl über alle Ereignisse aus erster Hand unterrichtet wurde. Hier sein Bericht:

> Schließlich fuhr der Erzbischof [Anno] von Köln, nachdem er sich mit Graf Ekbert [von Braunschweig] und Herzog Otto von Bayern beraten hatte, zu Schiff auf dem Rhein an einen Ort, der Insel des heiligen Switbert [Kaiserwerth] heißt. Dort hielt sich damals der König auf. Als dieser eines Tages nach einem festlichen Mahl besonders heiter war, überredete ihn der Erzbischof von Köln, ein Schiff, das er zu diesem Zweck überaus prächtig hatte herrichten lassen, zu besichtigen. Dazu ließ sich der arglose [...] Knabe leicht überreden. Kaum aber hatte er das Schiff betreten, da umringten ihn die vom Erzbischof bestellten Helfer seines Anschlags, stemmten rasch die Ruder hoch, warfen sich mit aller Kraft in die Riemen und trieben das Schiff blitzschnell in die Mitte des Flusses. Der König, fassungslos über diese unerwarteten Vorgänge, dachte nichts anderes, als dass man ihm Gewalt antun und ihn ermorden wolle, und stürzte sich kopfüber in den Fluss. Er wäre wohl in den reißenden Fluten ertrunken, wäre ihm nicht Graf Ekbert von Braunschweig trotz der großen Gefahr, in die er sich begab, nachgesprungen und hätte er ihn nicht mit Mühe und Not vor dem Ertrinken gerettet und auf das Schiff zurückgebracht. Nun beruhigte man ihn mit möglichst freundlichem Zuspruch und brachte ihn nach Köln. Eine Menge von Menschen folgte zu Lande nach, und viele erhoben die Beschuldigung, die königliche Majestät sei verletzt und ihrer Selbstbestimmung beraubt worden. Um die Missstimmung über diese Tat zu beschwichtigen und den Anschein zu zerstreuen, als hätte er

mehr aus persönlichem Ehrgeiz als um des allgemeinen Besten willen so gehandelt, ordnete der Erzbischof an, dass jeder Bischof, in dessen Diözese sich der König aufhalte, dafür zu sorgen habe, dass die Belange des Reiches keinen Schaden erleiden und dass bei Angelegenheiten, die vor den König gebracht würden, die erforderlichen Weisungen erteilt werden. Die Kaiserin wollte weder ihrem Sohn nachreisen noch für das ihr zugefügte Unrecht Genugtuung fordern.

Übersetzung aus dem Lateinischen. Originaltext bei:
Lampert von Hersfeld, Annalen, S. 74.

Die gewaltsame Entführung Heinrichs IV., der Raub des Königs, war eine ungeheuerliche Tat. Wie wir Lamperts Darstellung entnehmen können, lenkte Erzbischof Anno von Köln als führender Kopf die Aktion. Doch da derjenige, der über die Drahtzieher hätte richten können, nicht nur der Geschädigte, sondern auch minderjährig war und die Kaiserin, seine Mutter, nicht gegen den Erzbischof und dessen Komplizen vorging, blieb diese Tat ohne gerichtliche Konsequenzen. Das heißt jedoch nicht, dass sie nicht auch als Vergehen wahrgenommen wurde: Die Zeitgenossen und die nächste Generation, die darüber berichtet haben, waren sich jedenfalls darüber einig, dass sie gewalttätig und unrechtmäßig war.

Wie wir der Quelle entnehmen können, musste sich auch der Erzbischof rechtfertigen und seine Tat mit der Einführung eines Erziehungs-Rotationsprinzips mildern, das heißt, der junge König sollte in Zukunft von einer Diözese zur nächsten reisen und so der Reihe nach unter der Aufsicht jedes einzelnen Bischofs stehen. Fortan war also nicht mehr der Ministeriale Kuno für die Ausbildung Heinrichs zuständig und der von der Kaiserin Agnes bevorzugte Bischof Heinrich von Augsburg fungierte nicht mehr als alleiniger Ratgeber. Eine hervorragende Idee, die dazu noch völlig selbstlos wirkt! Doch eine gleichmäßige Rotation hat nie stattgefunden. Dieser Vorgang wirft noch einmal ein ganz neues Licht auf die Bemerkungen der Chronisten, dass Kaiser Heinrich III. Anno von Köln zum Mentor und Lehrer des jungen Königs bestimmt habe. Diese Aussage sollte beim Leser den Eindruck erwecken, der Erzbischof habe nur die letztwilligen Verfügungen des verstorbenen

Kaisers umgesetzt. Wer mag sich aber in Anbetracht dieser Tatsachen noch darüber streiten, ob die von Anno vorgebrachten Motive wie die Sorge um die Erziehung des Königs, die Kritik am Regiment der Kaiserin oder die Wiederherstellung der Ordnung im Reich seinen wahren Antrieb darstellten oder ob sie lediglich dazu dienten, seinen Machthunger zu kaschieren?

Doch sollte Anno seine Ziele nicht erreichen, im Fortgang der Geschichte zeigte sich vielmehr eine Tendenz zur ausgleichenden Gerechtigkeit: Die neuen Regelungen führten nicht zu einer Stabilisierung der politischen Verhältnisse zugunsten des Kölner Oberhirten, da mehrere Erzbischöfe nun um den Einfluss auf den jungen Salierkönig rivalisierten. Anno gelang es nicht, sich gegen seinen stärksten Kontrahenten, Bischof Adalbert von Hamburg-Bremen, durchzusetzen, von dem einige Chronisten ja ebenfalls behaupten, dass der sterbende Kaiser die Erziehung seines Sohnes an ihn übertragen hätte. Zwischen Heinrich IV. und Adalbert entwickelte sich rasch eine enge Bindung, die vom persönlichen Treueverhältnis des Bischofs getragen wurde. Allerdings rief der Erfolg Adalberts auch viele Neider auf den Plan, denen es schließlich gelang, ihn zu stürzen und vom Hof zu vertreiben. Auch wenn uns die Quellen nicht darüber unterrichten, wie viel Heinrich IV. von all dem erfuhr und wie er die Ereignisse empfand, so ist doch gewiss, dass der Zwist nicht spurlos an ihm vorüberging: Der Salier hegte in seinem späteren Leben gegen den führenden Adel generelles Misstrauen, aber auf Anno von Köln war er besonders schlecht zu sprechen. Sobald er eigenständig regieren konnte, nahm er einige politische Entscheidungen Annos zurück. Zudem vermochte er es während seiner Königsherrschaft nicht, einen akzeptierten Beraterkreis um sich aufzubauen und seine Entscheidungen unter Beteiligung und im Konsens mit den ranghöchsten Fürsten im Reich zu treffen. Es ist davon auszugehen, dass seine gewaltsame Entführung und die Kompetenzstreitigkeiten seiner Berater während seiner Minderjährigkeit sein Zutrauen in ihre Integrität erschüttert und er sie auch in der Folgezeit trotz laut werdender Vorwürfe nicht in seine Entscheidungsprozesse eingebunden hat.

Petrus Abaelard, der entmannte Philosoph (1117/18)

In Paris lebte eine junge Frau namens Heloisa, die Nichte eines gewissen Kanonikers Fulbert. Er liebte sie sehr und versuchte deshalb ihre wissenschaftliche Ausbildung zu fördern, so gut er konnte. Von ihrem Äußeren her war sie durchaus ansehnlich, aber mit ihrem beeindruckenden Wissen ragte sie heraus. Wissenschaftliche Bildung findet man bei Frauen selten; umso mehr zeichnete sie diese junge Dame aus und hatte sie im ganzen Land bekannt gemacht. Da sie mit allem ausgestattet war, was Liebende anlockt, fasste ich den Plan, sie durch Liebe an mich zu binden, und glaubte, dass mir dies spielend leicht gelingen würde. Mein Name war damals hoch gelobt und ich war jung und schön von Gestalt, sodass ich von keiner Frau, der ich den Hof machen würde, eine Zurückweisung fürchtete. […] Fulbert […] kam meinen Wünschen entgegen und lud uns, ohne es zu wissen, geradezu zur Liebe ein, denn er vertraute mir Heloisa zur Ausbildung an. […] Was soll ich noch sagen? Zuerst lebten wir in einem Haus, bald aber wurden wir ein Herz und eine Seele. Unter dem Vorwand der Wissenschaft gaben wir uns ganz und gar der Liebe hin und bekamen bei unseren Lektürestunden genau die Gelegenheit zum Alleinsein, die Liebende sich wünschen. Die Bücher lagen offen da – mehr Worte über die Liebe als über die Lektüre drängten sich auf, wir küssten uns mehr, als wir redeten. Meine Hand lag häufiger an ihrem Busen als auf den Büchern und wir blickten uns viel öfter verliebt in die Augen, als dass wir uns mit der wissenschaftlichen Literatur beschäftigten.

Auszug aus der Leidensgeschichte des Petrus Abaelard. Übersetzung aus dem Lateinischen. Originaltext bei Dag N. Hasse, Abaelards „Historia calamitatum", S. 18–21.

Sie gehört zu den leidenschaftlichsten und tragischsten Liebesgeschichten überhaupt, die Liaison des Philosophen und Theologen Petrus Abaelard, der einer der herausragenden Denker seiner Epoche war, und seiner Schülerin Heloisa, einer überaus begabten und gebildeten jungen Frau. Wir sind über diesen amour fou vorzüglich unterrichtet, denn beider Briefwechsel aus der Zeit nach der erzwungenen Trennung ist erhalten geblieben und bietet berührende Einblicke in die Empfindungen zweier Menschen des 12. Jahrhunderts, denen vom Schicksal übel mitgespielt wurde. Darüber hinaus liegt uns die autobiographische Leidensgeschichte des Abaelard vor, die als Brief an einen ungenannten Freund stilisiert ist und etwa bis zum Jahr 1133 reicht. In ihr gibt er erstaunlich offen Auskunft über seine Liebe zu Heloisa und über seine Sicht der fatalen Folgen, die sich daraus ergaben.

Doch blicken wir zunächst auf den Anfang. Abaelard wurde 1079 in der Nähe von Nantes im heutigen Westfrankreich geboren und begann eine glänzende Karriere als Lehrer der Philosophie. Seine Fähigkeiten gingen so weit, dass er es wagen konnte, seinen ehemaligen Lehrer Wilhelm von Champeaux, eine Autorität des Fachs, herauszufordern und in einer entscheidenden philosophischen Frage der Zeit zu widerlegen. Als brillanter Denker und Redner versammelte Abaelard bald eine große Anhängerschar um sich herum und hielt Vorlesungen, die es in sich hatten. Eine Anekdote mag das veranschaulichen: Kurz nachdem er im Jahr 1112 auch ein Studium der Theologie aufgenommen hatte, ließ er im Kollegenkreis die Bemerkung fallen, er könne nicht verstehen, wieso die Theologen alle so viele Hilfsmittel bei der Bibelauslegung bräuchten. Es sei doch viel besser, sich dabei mit den Schriften selbst und höchstens noch mit der zugehörigen Glosse, einem Kommentar, zu begnügen. Diese Äußerung brachte ihm Gelächter und die höhnische Frage ein, ob er als Anfänger denn so schlau sei, die Schrift ohne Hilfsmittel zu interpretieren. Man forderte ihn dazu auf, eine Probevorlesung zu einem Schrifttext zu halten. Abaelard willigte spontan ein und bekam eine besonders schwere Stelle aus dem alttestamentlichen Propheten Ezechiel zur Auslegung für den folgenden Tag. Diesen Test bestand er mit Bravour, ja die Hörer waren gefesselt vom Vortrag und baten ihn dringend, er möge seine Ezechiel-Interpretation fortführen. Dies wiederum provozierte, wenigstens nach Abaelards Darstellung, die glühende Eifersucht seines theologischen Lehrers Anselm von Laon, der sich schließlich dazu genötigt sah, qua Amt einzuschreiten und dieses Treiben eines Neulings im Fach zu unterbinden.

Daran wird deutlich, dass mit Abaelards Aufstieg auch die Zahl seiner Gegner wuchs, die sich von ihm brüskiert fühlten oder ihm den Erfolg missgönnten – die „Leidensgeschichte" legt Zeugnis davon ab, dass er sein Leben lang von Neidern und Feinden angegangen wurde, lässt aber auch erkennen, wie sehr er dies selbst herausforderte. Im Grunde passen auch die Umstände der Liaison mit Heloisa in dieses Schema. Heloisa war die Nichte Fulberts, eines Kanonikers, also nicht an Kloster und Mönchsregel gebundenen Weltgeistlichen, der im Domkapitel von Notre-Dame in Paris wirkte. Er unternahm alles Erdenkliche, um die geistige Entwicklung der ungefähr 18-Jährigen zu fördern. So engagierte er Abaelard, der an der Domschule Logik lehrte, um das Jahr 1117 herum als Hauslehrer und bot ihm sogar an, mit ins Haus zu ziehen, was der Eingeladene gerne annahm. Das Vertrauen Fulberts in den mittlerweile etwa 38-jährigen Gelehrten von Rang und Namen war grenzenlos. Dennoch geschah das, was der Hausherr sich bestimmt nicht hätte vorstellen können: Lehrer und Schülerin verliebten sich heftig ineinander, so heftig, dass Abaelard Mühe bekam, seinen sonstigen beruflichen Aufgaben nachzukommen: „Je mehr mich die sinnlichen Freuden gefangen hielten, desto weniger Muße hatte ich für Philosophie und Schule […]. Es war auch ganz schön aufreibend, nachts der Liebe zu frönen und tags der Arbeit nachzugehen. Meine Vorträge gerieten gleichgültig und lau", gestand er später. Stattdessen schrieb er Liebeslieder. Geraume Zeit lebten die beiden im heimlichen erotischen Rausch, ehe sich schweres Unheil über dem Paar zusammenbraute; denn endlich erfuhr auch Fulbert, was sich unmittelbar neben ihm zutrug. So geflissentlich und jovial er zuvor alle warnenden Stimmen überhört hatte, die ihn dezent auf die Geschehnisse in seinem Haus aufmerksam machen wollten, so sehr geriet er nun außer sich – zumal er erkennen musste, dass seine Nichte auch noch ein Kind erwartete! Abaelard reagierte schnell und brachte Heloisa bei seiner Schwester in der Bretagne in Sicherheit, wo ein Junge zur Welt kam, dem die Eltern den Namen Astralabius gaben. Um das Schlimmste abzuwenden und seine bohrenden Schuldgefühle loszuwerden, versuchte Abaelard eine Versöhnung mit Fulbert herbeizuführen und bat ihn inständig um Verzeihung. Er gelobte, sich jeder Buße zu unterwerfen, die Fulbert festlegen möge, und versprach zudem, Heloisa zu heiraten. Dieses Angebot stellte ein großes Opfer dar: Eine Ehe bedeutete für einen Intellektuellen wie Abaelard ein erhebliches Karrierehindernis an den Domschulen, wo sich vor dem Aufkommen der Universitäten die geistigen Eliten ausbilden ließen. Abaelard selbst war als Weltgeistlicher zwar nicht zwingend an den Zölibat gebunden, aber in Kirchenkreisen litt sein Ruf, wenn herauskommen sollte, dass er verheiratet war. Dies legte ihm Heloisa auch in einem leidenschaftlichen Plädoyer gegen die Ehe auseinander, aber Abaelard bestand darauf, den Schritt zu vollziehen und Fulbert, so gut es eben ging, zufriedenzustellen. Eine Bedingung dafür hatte er dennoch gestellt: Man möge über die Eheschließung schweigen und Abaelard dadurch vor beruflichen Nachteilen bewahren. Bloß konnten Fulbert und seine Familie die Schande, die über sie gebracht worden war, nicht verwinden und erzählten die Neuigkeit überall herum. Dies verleitete Heloisa dazu, ihre Ehe zu leugnen, was Fulbert so provozierte, dass er sie misshandelte. Abaelard wiederum brachte seine Frau deshalb in ein Kloster in Argenteuil bei Paris, wo sie als Laienschwester aufgenommen wurde. Nun, vermutlich 1118, hatte die Auseinandersetzung geradezu einen Siedepunkt erreicht, Fulbert und seine Sippe sahen sich erneut betrogen. Abaelard schreibt über das Folgende in seiner Autobiographie: „Diese Leute waren heftig empört und verschworen sich gegen mich. Nachdem sie meinen Diener mit Geld bestochen hatten, nahmen sie eines Nachts, als ich ruhig in meiner Kammer schlief, auf grausamste und beschämendste Weise Rache an mir, sodass die Welt es mit Entsetzen vernahm: Sie schnitten mir nämlich die Teile meines Körpers ab, mit denen ich begangen hatte, was sie beklagten." Dieser Schnitt, von dem hier die Rede ist, war nichts anderes als eine Kastration! Der Text schweigt sich darüber aus, ob Abaelard seine Geschlechtsorgane vollständig verlor oder ob man ihm ausschließlich die Hoden abgeschnitten hat. Fulbert selbst hat vermutlich nur den Auftrag zu der Tat gegeben, denn es ist sehr unwahrscheinlich, dass er sich mit einer direkten Beteiligung daran die Hände schmutzig gemacht hat. Entmannung war im mittelalterlichen Gerichtswesen regional begrenzt als schwere Bußstrafe zum Beispiel für Vergewaltigung mit Todesfolge, Ehebruch oder homosexuellen Verkehr zugelassen, stellt hier aber ein grauenhaftes Verbrechen dar. Dies sahen auch die Zeitgenossen so; denn mit den Schuldigen, die man schnell ergriff, geschah, was auf „handhafter", frischer Tat ertappte Kriminelle im Mittelalter zu erwarten hatten: ein sehr kurzer Prozess. Im vorliegenden Fall wurden zwei der Täter, darunter Abaelards

Diener, selbst entmannt und zusätzlich noch geblendet. Die Namen der Gefassten wie auch derjenigen, die den Racheakt verübten, bleiben unbekannt. Ein Bischofsgericht suspendierte Fulbert später vorübergehend aus dem Domkapitel und entzog ihm und seiner Familie sämtliche Güter. Abaelard genügte diese Strafe jedoch nicht. Er trug sich mit dem Gedanken, durch Appellation an den Papst ein Verfahren in Rom anzustoßen, ließ sich aber von einem Mahnschreiben des Priors Fulko von Deuil davon abhalten.

Der Fall hatte in Paris großes Aufsehen erregt; schon am Morgen nach der Tat strömte die ganze Stadt, so die „Leidensgeschichte", vor Abaelards Haus zusammen. Der Verstümmelte war für Mitleidsbekundungen allerdings nicht sehr zu haben. Ihn schmerzte die Demütigung und Schande vor aller Welt mehr als die körperliche Wunde. „Der große Ruhm, in dem ich mich eben noch gesonnt hatte, wie war er in einem kleinen, schändlichen Augenblick gemindert, ja fast ausgelöscht worden!" Abaelard sah darin einen göttlichen Fingerzeig: „Wie gerecht war Gottes Gericht, das mich an dem Körperteil schlug, mit dem ich gesündigt hatte. Wie gerecht war der Verrat dessen, den ich zuvor verraten hatte, wenn er mir Gleiches mit Gleichem vergalt." Er trat nun als Mönch ins Kloster Saint-Denis bei Paris ein und Heloisa nahm in Argenteuil den Schleier, wurde also vollwertiges Mitglied der dortigen Klostergemeinschaft. Auf das Drängen von Klerikern „in hellen Scharen" entschloss sich Abaelard dazu, seine Lehrtätigkeit in einer von ihm aufgebauten und zum Kloster Saint-Denis gehörigen Einsiedelei in der Champagne wiederaufzunehmen. Und er schrieb ein erstes theologisches Buch, die „Theologie des höchsten Gutes" über die göttliche Dreieinigkeit, das ihm neuen Ärger einbringen sollte; denn 1121 verurteilte die Synode von Soissons es in einem dubiosen Verfahren seiner Gegner als ketzerisch und zwang ihn, es mit eigenen Händen ins Feuer zu werfen. Zur körperlichen Kastration kam also gewissermaßen eine geistige, die 1141 auf Betreiben seines großen Antipoden Bernhard von Clairvaux von einer weiteren Verurteilung wegen Häresie durch eine Synode gefolgt wurde. Abaelard blieb trotzdem ein ebenso genialer wie streitbarer Denker, der seiner Zeit in vielem weit voraus war, ja in dessen Werk bereits allererste Züge neuzeitlicher Argumentation aufblitzen. Dazu gehört zum Beispiel der vergleichsweise freie und vernunftgeprägte Umgang mit den geistigen Autoritäten, den Abaelard mit seiner neuen dialektischen Methode anregte. In seinem Werk „Sic et Non" („Ja und Nein") schlug er eine exakte Verfahrensweise vor, wie mit Widersprüchen zwischen Worten bedeutender Autoren umzugehen sei, und bereitete damit der Scholastik den Weg. In seiner Ethik erhob er die Absicht des Handelnden, die Gesinnung, zum Hauptmaßstab für die Beurteilung einer Tat – und nicht mehr deren Ergebnis, wie das in der philosophischen Tradition bis dahin üblich war. Die moderne Subjektivität warf ihre noch zarten Schatten voraus.

Bei aller herausragenden und zukunftsweisenden intellektuellen Kraft bleibt der Name Abaelards jedoch eng verbunden mit Heloisa; beide kamen sich auf andere Art als zuvor wieder näher, als sich die Nonnen von Argenteuil 1129 ein neues Zuhause suchen mussten. Abaelard, mittlerweile Abt eines Klosters in der Bretagne, bot ihnen seine alte Einsiedelei an, die sie auch annahmen, und kümmerte sich sehr um die Belange des kleinen Ordens. Heloisa war zunächst Priorin der Nonnengemeinschaft und später ihre Äbtissin. Im Briefwechsel aus den 1130er-Jahren ringen beide – immerhin ja formell Eheleute! – um eine Begegnung unter den neuen Vorzeichen; Heloisa lässt dabei an manchen Stellen noch die alte Leidenschaft erkennen, während Abaelard sich von seinen früheren sexuellen Begierden distanziert und sich auf seine Rolle als Geistlicher zurückzieht. Gleichwohl sind die Briefe ein faszinierendes Zeugnis von Liebe und Menschlichkeit, das die Jahrhunderte überdauert hat. Er: „Wenn mich der Herr in die Hände meiner Feinde fallen lassen sollte, sodass sie mich überwältigen und töten, oder wenn ich auf andere Weise ferne von Euch den Weg allen Fleisches gehe, so beschwöre ich Euch: Lasst meinen Leichnam, wo immer er auch begraben sei oder liege, auf Euren Friedhof überführen!" Sie: „Schon der Gedanke an Deinen Tod ist so gut wie mein Tod. [...] Aber welche Hoffnung bleibt mir, wenn ich Dich verloren habe? Wozu sollte ich dann noch meine irdische Pilgerschaft fortsetzen? Hier habe ich keinen Trost außer Dir! Mir bleibt nichts anderes an Dir, außer dass Du lebst!"

Abaelard starb 1142, Heloisa 1164. Beide ruhten vereint zunächst in Heloisas Kloster und liegen heute auf dem Friedhof Père Lachaise in Paris. Was ihnen im Leben nur kurze Zeit möglich war, hat ihnen also wenigstens der Tod vergönnt.

Bruch von Landfrieden und Treue: Der tiefe Fall Heinrichs des Löwen (1180)

Demnach soll die Gesamtheit der gegenwärtigen wie zukünftigen Getreuen des Reiches zur Kenntnis nehmen, dass Heinrich, einst Herzog von Bayern und Westfalen, die Freiheit der Kirchen Gottes und der Vornehmen des Reiches in schwerwiegender Weise unterdrückt hat, indem er sich ihre Besitzungen angeeignet und ihre Rechte beschnitten hat. Auf die nachdrückliche Klage der Fürsten und der meisten Adligen hin wurde er vor Gericht geladen, weigerte sich aber, vor unserer Majestät zu erscheinen. Wegen dieses Trotzes gegen die Fürsten und seine schwäbischen Standesgenossen ist das Urteil unserer Acht gegen ihn ergangen.
Aber er hat weiter nicht damit aufgehört, die Rechte und die Freiheit der Kirchen Gottes, der Fürsten und der Adligen zu schmälern, sowohl durch das Unrecht gegen jene wie auch durch die uns vielfach erwiesene Verachtung und insbesondere durch den Tatbestand der Majestätsbeleidigung. Nach Lehnsrecht wurde er deshalb gesetzlich mit dreifacher Ladung vor unser Gericht zitiert und weil er fernblieb und auch keinen Stellvertreter entsandte, ist er als widersetzlich verurteilt worden. Deshalb wurden ihm nach einstimmigem Beschluss der Fürsten auf dem feierlichen Hoftag zu Würzburg sowohl das Herzogtum Bayern als auch das Herzogtum Westfalen und Engern, aber auch alle Lehen, die er vom Reich hielt, aberkannt und unserem Recht und unserer Verfügungsgewalt zugesprochen.

Auszug aus der „Gelnhäuser Urkunde" Kaiser Friedrich Barbarossas vom 13. April 1180. Übersetzung aus dem Lateinischen. Original in: Monumenta Germaniae Historica, Diplomata Regum et Imperatorum, Band X, 3, Nr. 795, S. 362.

Mitten in Braunschweig zwischen Dom St. Blasius und Burg Dankwarderode ist ein beeindruckendes Löwenstandbild aus Bronze zu bewundern, das als eines der Wahrzeichen der Stadt gilt. Zur Zeit seiner Entstehung um das Jahr 1166 symbolisierte es das Selbstbewusstsein seines Stifters: Heinrich der Löwe aus der vornehmen Familie der Welfen, Herzog von Sachsen und Bayern, war der mächtigste nichtkönigliche Fürst des römisch-deutschen Imperiums im 12. Jahrhundert und sah sich, seine militärische Stärke und seine Gerichtshoheit in diesem Kunstwerk verkörpert. Sein ausgedehnter Machtbereich, der weite Teile Norddeutschlands und dazu die bedeutende Basis im Süden umfasste, ließ ihn zu einem fast königsgleichen Herrscher werden. Aber nur fast. Denn ein Zerwürfnis mit dem König und Kaiser, dem Staufer Friedrich Barbarossa, hat die Machtverhältnisse wieder zur Geltung gebracht und dem Löwen am Ende praktisch alles genommen – und das, obwohl beide in enger politischer wie verwandtschaftlicher Bindung zueinander standen: Barbarossas Mutter Judith war die Schwester von Heinrichs Vater Heinrich dem Stolzen und damit eine Welfin. Ihre Blutsbande haben die Vettern also nicht daran gehindert, eine schmerzhafte juristische und militärische Auseinandersetzung auszutragen. Wir haben es hier mit einem schweren Fall von Friedens- und Treuebruch zu tun, der in der Herrschaftsordnung des Mittelalters harsche Konsequenzen nach sich ziehen konnte.

Heinrich der Löwe, geboren um 1130, hatte sich bei seinem Aufstieg zu einem der bedeutendsten europäischen Fürsten durch eine rücksichtslose Politik weithin unbeliebt gemacht. Vielleicht lag das im 12. Jahrhundert aber auch in der Natur der Sache, wenn man wie er eine allgemein respektierte territoriale Landesherrschaft aufbauen wollte. Denn vor allem in Sachsen, diesem damals weiten Gebiet zwischen Nordsee und dem heutigen Sachsen-Anhalt, zwischen Westfalen und Holstein, fand er bei seiner Erhebung zum Herzog 1142 eine beachtliche Zahl an geistlichen und weltlichen Fürsten mit bedeutenden oder auch weniger bedeutenden Herrschaftstiteln vor. Sie sahen sich häufig reichsunmittelbar direkt dem König und Kaiser unterstellt und hatten an einem Landesherrn, der sich zwischen sie und die Reichsspitze schob und ihnen ihre traditionelle, durch altes Recht geschützte Position streitig machte, nicht das geringste Interesse. Ihnen musste er seine Befugnisse erst einmal abtrotzen. Häufige Streitpunkte stellten etwa Zölle, Bischofsinvestituren und die Neubesetzung respektive Einbehaltung erledigter Grafschaften dar. Dabei ging der Löwe oft nicht gerade zimperlich vor, insgesamt jedoch so erfolgreich, dass es ihm über die Jahrzehnte gelang, sein Gebiet zu arrondieren und zu einem fast königsgleichen Herrscher heranzuwachsen. Aber dieser Erfolg hatte seinen Preis: Die Phalanx seiner Feinde wartete nur darauf, eine umfangreiche Liste von Rechnungen mit ihm zu begleichen. 1166 kam es sogar zum Krieg mit den sächsischen Großen, den erst der Kaiser vier Jahre später mit größter Mühe auf dem Verhandlungsweg beenden konnte. Sehr lange wurde Heinrich von niemand anderem als von Barbarossa persönlich vor den Klagen seiner Opfer geschützt, denn beide arbeiteten zum wechselseitigen Vorteil intensiv zusammen. Aber schließlich erregte der Löwe auch den Unwillen seines Verwandten.

Wir befinden uns im Jahr 1176. Der Kaiser hielt sich seit ungefähr 15 Monaten in Italien auf, um die Entwicklung dort in seinem Sinne zu beeinflussen. Wieder einmal. Denn seitdem er 1154, zwei Jahre nach seinem Machtantritt, erstmals italienischen Boden betreten hatte, war ihm das auf zahlreichen Expeditionen über die Alpen nicht dauerhaft gelungen – und die Chancen, dass es diesmal klappen würde, standen nicht gut. Barbarossa sah sein Reich in der Nachfolge des antiken Römischen Reiches und Italien als entscheidenden Bestandteil davon, auf den er nicht nur wegen des Reichtums der Städte verzichten wollte. Auch gebot ihm seine Vorstellung von Herrscherehre, die Rechte des heiligen, direkt von Gott gestifteten Imperiums dort geltend zu machen, und sei es mit massiver Waffengewalt. Der Bund der Lombarden sah sich dagegen als unabhängig an, nutzte jede Gelegenheit, um sich seinen Ansprüchen zu widersetzen, und lieferte sich in unterschiedlichen Konstellationen heftige Auseinandersetzungen mit ihm. Was die Situation für Barbarossa jedoch noch komplizierter gestaltete, war die Rolle des Papsttums: Alexander III. stand aufseiten der kaiserfeindlichen Italiener in grundsätzlicher Opposition zu den weitgehenden Vorstellungen des Staufers von seinen Machtbefugnissen. Barbarossa seinerseits hatte mehrfach Gegenpäpste installieren lassen, die sich allerdings nicht durchsetzen konnten. So zog sich die Lösung der Probleme hin. Anfang 1176 nun steckte der Kaiser in einer misslichen Lage. Friedensverhandlungen mit den Gegnern hatten vielversprechend begonnen und ihn in optimistischer Einschätzung der Aussichten dazu bewogen, sein Heer zu entlassen, waren dann aber überraschend doch gescheitert. Als die Lombarden auch noch gegen seine Herrschaft revoltierten und guter Rat teuer war, kam er auf die Idee, sich an seinen Vetter Heinrich den Löwen zu wenden. In Chiavenna nördlich des Comer Sees, damals auf dem Gebiet des Herzogtums Schwaben, trafen sich beide zu einer Unterredung, die offensichtlich einen dramatischen Verlauf genommen hat. Wir wissen nicht, welche Worte dort im Einzelnen gewechselt wurden, denn die zeitgenössischen Chronisten überliefern verschiedene Versionen. Die entscheidenden Punkte sind uns jedoch bekannt. Wir können uns den Gesprächsverlauf vielleicht so vorstellen:

„Diese widersetzliche Brut! Ich muss den Aufstand der Städte so schnell wie möglich niederschlagen, bevor ganz Italien in Flammen steht. Heinrich, mein Vetter, bitte hilf mir dabei. Komme mit deinen tapferen Kriegern nach Italien und lass uns der Mailänder Schlange gemeinsam endlich den Kopf abschlagen", bat Barbarossa mit Nachdruck in der Stimme.

Doch Heinrich der Löwe wand sich: „Friedrich, du weißt doch, dass ich nicht mehr der Jüngste bin. Mir fällt es immer schwerer, mich auf dem Schlachtfeld gegen …"

„Ach was", unterbrach ihn der Kaiser, „in Sachsen ist es dir auch nicht zu schwer, deine Interessen mit aller Gewalt durchzusetzen. Ich habe dich dort immer machen lassen, was du wolltest. Aber jetzt nimm dein Herz in beide Hände und folge mir nach Italien!"

„Gut", erwiderte Heinrich, „aber erfülle mir als Gegenleistung meinen dringendsten Wunsch: den Besitz Goslars samt seiner Silberminen. Belehne mich mit der Stadt für alle Zeit. Dann bin ich auch gerne bereit, dir trotz meines Alters gegen die Lombarden zu helfen."

Angesichts dieser unglaublichen Forderung, ihm seine wichtigste Einnahmequelle zu überlassen, fuhr Barbarossa der Schrecken in die Glieder: „Vetter, bist du dir darüber im Klaren, was du da eigentlich verlangst? Willst du mich ruinieren? Ausgeschlossen, Goslar bekommst du nicht!"

„Goslar, oder du ziehst ohne mich gegen die Lombarden."

„Heinrich, ich bitte dich inständig. Im Namen des heiligen Reiches, überwinde dich und zieh mit mir gegen Mailand! Ich flehe dich an!"

Da der Kaiser seine Felle in Italien nach mehr als zwei Jahrzehnten des Kampfes schon davonschwimmen sah, bot er in diesem Moment alles ihm Mögliche auf, um Heinrich den Löwen doch noch umzustimmen – er fiel seinem mächtigsten Getreuen zu Füßen: „Bitte, Heinrich!"

Dies rief nun allerdings die Kaiserin auf den Plan, die im Hintergrund dem Gespräch lauschte. Die schöne Beatrix erhob sich, lief zu ihrem Mann und richtete ihn wieder auf, während der Löwe stumm und ein wenig irritiert auf den Kaiser herabblickte. „Friedrich, entwürdigt Euch nicht", mahnte sie.

„Ohne Goslar kannst du nicht mit mir rechnen", entgegnete der Welfe schließlich ungerührt.

„Du musst dir deiner Position wirklich sehr sicher sein, Herzog von Sachsen und Bayern. Dabei vergisst du, was du mir und dem Reich zu verdanken hast." Und Barbarossa verließ gemeinsam mit der Kaiserin wortlos den Saal.

Mit der abschlägigen Antwort des Herzogs musste sich der Staufer wohl oder übel abfinden, schließlich war Heinrich der Löwe in dieser Situation nicht förmlich dazu verpflichtet, mit ihm nach Italien in den Krieg zu ziehen. Aber eine Hilfestellung gegenüber seinem Oberherrn konnten Zeitgenossen vom Sachsenherzog sicher erwarten. Barbarossa sollte dieses Nein sehr gut im Gedächtnis behalten.

Im Mai 1176 kam es zur Schlacht des Rumpfheeres der deutschen Ritter gegen Mailand und seine Verbündeten bei Legnano, die Barbarossa verlor – sie bedeutete vielleicht keinen entscheidenden Verlust für seine Sache, aber verlieh den Italienern beachtlichen Aufwind. Im Anschluss daran entschied er sich, auch unter dem Drängen führender Reichsfürsten, dafür, nun doch über Verhandlungen mit dem Papst einen Weg aus der verfahrenen Lage zu suchen; mit seinem diplomatischen Geschick schaffte er es sogar, bei Alexander III. vergleichsweise günstige Bedingungen für einen Frieden auszuhandeln. Besiegelt wurden der Kompromiss, der auch das Papstschisma endgültig beendete, in Venedig im Jahr 1177. Zwei Vereinbarungen mit Alexander machten deutlich, dass der Rotbart dabei nicht nur Italien im Blick hatte, sondern auch die Verhältnisse nördlich der Alpen – und hier besonders einen: Heinrich den Löwen. Dessen Schonfrist war nun abgelaufen und der Kaiser suchte sich als Signal dafür eine sehr empfindliche Stelle seines Gegenübers aus. Denn der Welfe hatte das Erzbistum Bremen wie auch das Bistum Halberstadt schon vor längerer Zeit unter dubiosen Umständen mit Gefolgsleuten besetzt, die nun ihres Amtes enthoben wurden. Aber noch schlimmer für den sächsischen Herzog war, dass Kirchengüter, die seine beiden Getreuen entfremdet und ihm übertragen hatten, vollständig zurückgegeben werden mussten. Das bedeutete einen größeren Verlust an Einfluss und Gebieten – und war ein Vorzeichen für den Sturm, der nun über den Löwen hereinbrechen sollte. Aber er wehrte sich zunächst: Als Ulrich, ein alter und hartnäckiger Gegner Heinrichs, in Halberstadt wieder Bischof geworden war und die Kirchenlehen zurückverlangte, weigerte sich der Welfe und wurde dafür im Herbst 1177 von Ulrich gebannt. Er wurde also vorübergehend aus der Kirchengemeinschaft ausgestoßen. Heinrich wiederum revanchierte sich mit der Zerstörung von Ulrichs Bischofsburg. Nachdem dieser damit begonnen hatte, sie an einer anderen Stelle mit besserer Befestigung wiederaufzubauen, ließ Heinrich sie erneut niederreißen. Dieses Spiel vollzog sich noch ein weiteres Mal. Als dann Philipp von Heinsberg, der Erzbischof von Köln, dessen Rechte der Löwe ebenfalls gemindert hatte, ihn auch noch im Westfälischen angriff, standen bald größere Teile Sachsens in Flammen. Trotz Vermittlungsversuchen des Magdeburger Erzbischofs Wichmann dauerten die Auseinandersetzungen an.

Der nächste Akt des Dramas spielte sich vor Gericht ab. Auf einem Hoftag in Speyer Ende 1178 beschuldigte der Löwe seine Gegner heftig, die allerdings den Streit nicht scheuten und ihn ihrerseits kräftig unter Beschuss nahmen. Rücksichtslose Machtpolitik, Übergriffe auf fremde Güter und auf Kirchen, Bruch des Landfriedens – diese schwerwiegenden Vorwürfe standen im Raum. Der aus Italien zurückgekehrte Kaiser blieb im Gegensatz zu früher, als er seinen Vetter häufig in Schutz genommen hatte, neutral und verfügte ein förmliches Gerichtsverfahren, das in Worms im Januar 1179 eröffnet wurde. Dort sollte sich Heinrich wegen der ihm zur Last gelegten Punkte verteidigen, was schon erkennen ließ, wie die Sache für ihn stand. Er zog es allerdings vor, dort nicht zu erscheinen. Gleichwohl klagte ihn der Hoftag, auf dem etliche Standesgenossen des Löwen vertreten waren, der Verschwörung gegen den Kaiser an. Barbarossa selbst beschuldigte ihn, ihm keine Hilfe gegen die italienischen Städte geleistet zu haben, ein Reflex auf die Begegnung in Chiavenna. Auch auf dem nächsten Hoftag in Magdeburg ab dem 24. Juni ließ sich Heinrich nicht blicken. Dort häuften sich nun weitere Klagen gegen ihn. Der Markgraf der Lausitz bezichtigte ihn wegen eines verheerenden Slaweneinfalls in seine Mark offen des Landesverrats. In dieser Situation nahm der Löwe Kontakt mit dem Kaiser auf und bat ihn um Vermittlung. Dieser verlangte jedoch die stattliche Summe von 5.000 Silbermark, deren Zahlung der Herzog ablehnte. Möglicherweise rechnete er noch damit, dass sich die Angelegenheit günstiger aus der Welt schaffen ließ, aber das erwies sich bald als törichte Fehleinschätzung. Der letzte Ausgleichsversuch war damit gescheitert und so fand der gerichtliche Streit seine Fortsetzung – mit der Erklärung der Reichsacht über den Welfen am 29. Juni wegen Missachtung des Hofgerichts und folglich des Kaisers selbst. Dies hatte schwere Folgen für den Geächteten: Er wurde zum Rechtlosen, den jedermann straflos töten durfte. Heinrich der Löwe befand sich nun in ständiger Lebensgefahr.

Damit trat der Prozess zugleich in eine neue Phase, in der es nicht mehr um die Landfriedensbrüche des Welfenherzogs ging. Dieser zweite, lehnsrechtliche Abschnitt des Verfahrens legte Heinrich als Vasall einen Verstoß gegen die Treuepflicht gegenüber dem Kaiser als seinem Herrn zur Last, weil er den Aufforderungen, vor Gericht zu erscheinen, keine Folge geleistet habe. Das Lehnsrecht machte gegenseitige Schutz-, Hilfs- und Beratungspflichten zum Kern der Beziehung zwischen Herrn und Gefolgsmann. Verstieß Letzterer gegen diese Pflichten, so hatte nicht allein der Herr darüber zu befinden, sondern ein Gremium der übrigen Vasallen auf gleicher Ebene trat zusammen und verhandelte den Fall. So auch hier. Das Gericht bestand also außer dem Kaiser aus den Standesgenossen des Löwen, mit denen er es sich in vielen Fällen verscherzt hatte. Unter ihnen trieb der Kölner Erzbischof Philipp das Verfahren unter lehnsrechtlichen Gesichtspunkten entscheidend voran, denn dahinter konnte nicht einmal Barbarossa im Alleingang zurück. Es ging den Fürsten also darum, unverrückbare Fakten zu schaffen. Um zu einem Urteil in Abwesenheit des Angeklagten zu kommen, musste dieser dreimal förmlich mit sechswöchiger Frist geladen werden. Aber auch die insgesamt dritte Ladung zu einem Hoftag in Kayna bei Zeitz (heute Sachsen-Anhalt), Mitte August ließ der Löwe wie die vorigen ungerührt verstreichen – in einer Epoche, die persönliche Bindungen und wechselseitige Treue sehr hoch schätzte, ein geradezu unvorstellbarer Affront und eine massive Beleidigung des Herrschers! Nun braute sich allmählich schweres Unheil über Heinrich zusammen, denn die in Kayna versammelten Fürsten bestätigten die Reichsacht, also die reichsweite Friedloslegung, und erkannten ihm beide Herzogtümer sowie sämtliche Lehen ab. Der Kaiser schloss sich diesem Urteil an. Zudem verkündeten die Beteiligten einen Kriegszug gegen den Widerspenstigen und zogen mit Barbarossa an der Spitze auch noch im selben Monat nach Sachsen, um militärisch durchzusetzen, was juristisch verfügt war. Erfolg stellte sich dabei allerdings nicht ein: Halberstadt ließ der Löwe in Flammen aufgehen; bei der Belagerung von Haldensleben zerstritten sich die Fürsten und brachen das Unternehmen ab.

Die nächste Verhandlung fand, soweit wir das wissen, im Januar 1180 in Würzburg statt. Der sächsische und bayerische Herzog behielt seine störrische Haltung weiter bei und begab sich auch diesmal weder selbst an den Ort noch sandte er einen Bevollmächtigten. So erging nun der endgültige Spruch gegen ihn: Wegen fortgesetzter Widerspenstigkeit, Bedrückung der Kirche und der Armen und Majestätsverletzung sowie wegen Missachtung der drei Ladungen vor das Hofgericht wurde er von den anwesenden Fürsten als Majestätsverbrecher verurteilt. Der Kaiser entzog ihm deshalb mit einhelliger Zustimmung der weltlichen und geistlichen Würdenträger seine Lehen, die er vom Reich und der Kirche erhalten hatte, und auch all seine Eigengüter. Die Herzogtümer Bayern und Sachsen fielen damit an den Kaiser zurück, er konnte die Länder jetzt also an andere, zuverlässigere Gefolgsleute ausgeben.

Für Sachsen geschah das am 13. April 1180. Barbarossa teilte auf einem Hoftag in Gelnhausen bei Frankfurt am Main gemeinsam mit den Fürsten die Reichslehen des Herzogs und verlieh sie zwei verschiedenen Vasallen: Westfalen ging an das Erzbistum Köln mit seinem Erzbischof Philipp von Heinsberg und Ostsachsen bekam Bernhard aus dem Hause der Askanier, einer Adelsfamilie, die in der Region stark und angesehen war. Wir wissen all das aus der berühmten „Gelnhäuser Urkunde", dem wichtigsten Dokument zu den Prozessen gegen Heinrich den Löwen, das das Urteil rechtsverbindlich festhielt. Ebenfalls in Gelnhausen vereinbarten die Reichsfürsten eine weitere Heerfahrt gegen den Welfen für Juli des Jahres, um das Urteil zu vollstrecken.

Den Fürstenspruch erkannte der Welfe selbstverständlich nicht an. Stattdessen verlegte er sich auf Kriegszüge gegen seine Feinde in Sachsen, und das zunächst mit einigem Erfolg. Die Unannehmlichkeiten für ihn ließen sich jedoch noch weiter steigern: Im Juni 1180, genau ein Jahr nach Verhängung der Acht durch die Fürsten auf dem Magdeburger Hoftag, fiel Heinrich in die sogenannte Aberacht, die die Acht noch einmal steigerte und normalerweise nicht mehr ohne Weiteres zu lösen war. Kurz danach zog der Kaiser, wie in Würzburg vereinbart, persönlich mit einem Heer der Fürsten nach Sachsen und zwang die Gefolgsleute und Vasallen des Welfen, ihren Herrn zu verlassen; denn sie verfielen ebenfalls der Acht, wenn sie ihn unterstützten. Seine Anhänger liefen jetzt auch in Scharen zu Barbarossa über. Damit war Heinrich der Löwe ein erledigter Mann, auch wenn er es immer noch nicht wahrhaben wollte. Der Feldzug war bereits Anfang September beendet und im Anschluss daran bekam auch Bayern einen neuen Herzog: Pfalzgraf Otto von Wittelsbach, dessen Familie von da an das Land beherrschen sollte – bis 1918. Eine wahrhaft epochale Entscheidung!

Und trotzdem: Heinrich der Löwe gab immer noch nicht klein bei und verschanzte sich in Norddeutschland. Dies provozierte Barbarossa im Juni des Folgejahres 1181 zu einem weiteren Feldzug in das Land nördlich der Elbe, der mit der Eroberung Lübecks, einer der letzten Bastionen des Welfen, endete. Nun war der Aufrührer allmählich dann doch zum Einlenken bereit und unterwarf sich im November 1181 auf einem Hoftag zu Erfurt dem Herrscher. Wie mag diese Begegnung der Kontrahenten verlaufen sein? Sicher anders als in Chiavenna knapp sechs Jahre zuvor, wie die Chronisten berichten:

„Mein Herr und Kaiser, ich unterwerfe mich vollständig deiner Gnade und bitte dich demütig um Verzeihung“, sagte Heinrich der Löwe. Er fiel Barbarossa zu Füßen.

Der Kaiser saß auf seinem Thron und blickte wortlos auf den Reuigen hinab. Nach unendlich wirkenden Sekunden fragte er: „Warum, Heinrich? Warum bist du so weit gegangen?“ Im Saal herrschte tiefes Schweigen.

„Du warst der Beste und Edelste meiner Getreuen. Konntest du nicht erkennen, wo deine Grenzen sind?“

Der Welfe antwortete nicht. Wieder verrannen Augenblicke, die sich wie Ewigkeiten anfühlten. Schließlich erhob sich Barbarossa, beugte sich zu seinem geschlagenen Kontrahenten hinab und richtete ihn auf. Mit Tränen in den Augen gab er ihm den Friedenskuss.

„Du weißt, dass nicht ich allein dir deine Herzogtümer aberkannt habe, sondern die Gemeinschaft der Fürsten. An ihnen hast du auch in Zukunft keinen Rückhalt. Du wirst dich also damit abfinden müssen, dass Sachsen und Bayern dir und deiner Familie für immer verloren bleiben. Du hättest dir all das ersparen können, wenn du nicht so starrsinnig gewesen wärst."

Dieses Wort besiegelte den Zusammenbruch von Heinrichs Lebenswerk. Der einst so Stolze vernahm es mit versteinerter Miene.

„Ich löse dich aus der Acht, aber unternimm zur Buße eine Pilgerfahrt zum Grab des Heiligen Jakobus nach Santiago de Compostela. Und du wirst für drei Jahre ins Exil gehen. Wage es nicht, dich vor Ablauf dieser Zeit in meinem heiligen Reich sehen zu lassen!"

„Ich danke dir für deine Güte, mein Herr und Kaiser."

Die beiden Herzogtümer Bayern und Sachsen erhielt Heinrich in der Tat nicht mehr zurück. Immerhin löste ihn der Rotbart von Acht und Aberacht, sodass er wenigstens seine Eigengüter in Sachsen und Schwaben wieder in Besitz nehmen konnte. Im Juli 1182 siedelte der Welfe zu seinem Schwiegervater Heinrich II. von England über, die Pilgerreise nach Santiago de Compostela unternahm er im Herbst des Jahres. 1185 kehrte Heinrich der Löwe nach Deutschland zurück. Trotzige Versuche, seine alte Stellung wenigstens teilweise zurückzuerlangen, scheiterten. Er starb im August 1195.

Die Konsequenzen dieses Prozesses waren weitreichend: Friedrich Barbarossa hatte sich einmal mehr als durchsetzungsfähiger Herrscher gezeigt und gemeinsam mit den Großen des Reiches die Macht Heinrichs des Löwen zerschlagen. Der Welfe verlor seinen reichsfürstlichen Rang, wobei seine Familie einen beträchtlichen gesellschaftlichen Abstieg hinnehmen musste. Mit der Neuvergabe der Herzogtümer Bayern und Sachsen sowie weiteren Wohltaten belohnte der Kaiser seine Anhänger. Mit Lübeck erwarb er für das Königtum zudem einen wichtigen Stützpunkt im Norden des Reiches. Zwar war er in seinen Entscheidungen nicht völlig frei von den Interessen der Fürsten, doch erreichte unter ihm die Position des Herrschers im Reich eine lange nicht mehr gekannte Stärke. Auch deshalb entstand die Sage, dass er im Kyffhäuser schlafe, um bald wiederzukehren und Deutschland Frieden und Einheit zu bringen. Im 19. Jahrhundert wurde sie zum Traum deutscher Patrioten.

Ketzerei als Massenphänomen: Der Untergang der Katharer und Albigenser (1143/1326)

Damit die heilige Kirche Gottes gegen ihre schrecklichsten Feinde furchterregend als wohlgeordnetes Heeresaufgebot aufmarschiere und die Anhänger der ketzerischen Verdorbenheit ausmerze, die ähnlich einer Schlange fast in der gesamten Provence wie ein Krebsgeschwür wuchert, haben wir beschlossen, die Truppen der christlichen Heerscharen aus den umliegenden Gebieten zusammenzurufen [...].

Daher haben wir es für angemessen gehalten, Eure Gesamtheit zu bitten, und ermahnen, ja wir befehlen und gebieten es Euch durch apostolische Schreiben, dass Ihr bei Euren Untertanen im emsigen Eifer der Predigt und Ermahnung nicht nachlasst, damit sie zu einem sowohl für sich selbst als auch für das Ihre so heiligen Werk einen Gott ergebenen Dienst leisten und der Kirche diese geeignete Hilfe gewähren. Dabei sollen sie wissen, dass Gott selbst und sein Statthalter all denen die Sünden vergeben werden, die sich vom Eifer des wahren Glaubens ergriffen zu einem Werk solcher Frömmigkeit gürten [...].

Aufruf Papst Innozenz' III. zum Kreuzzug gegen die Albigenser aus dem Jahr 1208. Übersetzung aus dem Lateinischen. Original bei: Migne, Cursus Patrologiae Latinae, Bd. 215, S. 1469 f.

Wir schreiben das Jahr 1143. Propst Everwin, der das Kloster Steinfeld in der Eifel leitet, greift in heller Aufregung zur Feder. Erschüttert und verwundert von dem, was er in der Nähe von Köln erlebt hat, wendet er sich an niemand Geringeren als Bernhard von Clairvaux, Mystiker, Kirchenpolitiker und die theologische Instanz seiner Zeit. Da seien doch einige merkwürdige Gestalten aufgetreten mit einer ganz sonderbaren Lehre, schreibt Everwin. Im Verhör beanspruchten sie, als Einzige ein wirklich christliches Leben in Armut zu führen, während sich

Kirche und Klerus ganz und gar in weltliche Dinge verstrickt hätten und der Macht des Geldes verfallen seien. Everwin weiß zu berichten, dass sich diese Leute der Milchspeisen, des Fleischs und des Geschlechtsverkehrs enthielten, obwohl auch zahlreiche Frauen unter ihnen seien, dass sie weiter die kirchlichen Sakramente vollständig ablehnten und eine bestimmte Hierarchie von besonders Eingeweihten, einfachen Gläubigen und bloßen Zuhörern kennen würden. Am meisten wühlt den Propst aber etwas anderes auf: Die beiden aus der Abweichlergruppe, die das Volk gegen den Willen des Klerus in einem Akt spontaner Lynchjustiz auf den Scheiterhaufen geschleppt und verbrannt hat, offensichtlich ein Bischof und sein Gehilfe, haben diese fürchterlichen Qualen nicht nur gleichmütig, sondern geradezu mit Freude ertragen: „Hier, ehrwürdiger Vater, hätte ich von Dir gerne erfahren, woher diese Söhne der Hölle Deiner Meinung nach eine solche tapfere Entschlossenheit in ihrer Irrlehre bekommen, wie man sie sogar kaum bei denen findet, die tief an Christus glauben."

Der große Bernhard, der schon 1174, gerade einmal etwas mehr als 20 Jahre nach seinem Tod, heiliggesprochen werden sollte, nahm die Vorlage des mit ihm befreundeten Everwin nur zu gerne auf. Der „honigfließende Lehrer", wie ihn Wohlmeinende später auch nannten, widmete diesen skurrilen Abweichlern zwei Predigten aus seiner Predigtreihe über das Hohelied, eigentlich ja eine poetische Schrift der Bibel, in der Verliebte einander besingen, die aber in der Tradition häufig als Gleichnis für die Liebe Gottes zu seiner Kirche interpretiert wurde. Bernhard war bei seiner Auslegung bis zu der Stelle von den kleinen Füchsen gelangt, die den Weinberg zerstören – und er nahm die Gelegenheit wahr und münzte den Vers auf diese Menschen, die sich bewusst gegen die Kirche positioniert hatten.

Wenn man die Predigten liest, so meint man fast, den wortgewaltigen Mann durch die Jahrhunderte donnern zu hören. Er nahm mit bitterbösem Sarkasmus und heftiger Leidenschaft eine Bewegung aufs Korn, deren Anhänger auch er selbst in persönlichen Begegnungen kennen gelernt haben muss. Schon allein die Tatsache, dass diese Sekte keine Gründerpersönlichkeit aufweisen konnte, bewies in seinen Augen ihre dämonische Herkunft. In harten Worten geißelte Bernhard ihre Speisevorschriften, ihre Ablehnung der kirchlichen Sakramente und ihren Hochmut, sich für die besseren Christen zu halten. Ihre

Todesverachtung führte er auf ihre Verstockung zurück und als ganz und gar unglaubwürdig brandmarkte er ihre Ablehnung der Ehe und ihre angebliche sexuelle Enthaltsamkeit, während Mann und Frau bei ihnen gemeinschaftlich zusammenlebten: „Bedeutet es nicht mehr, ständig eine Frau bei sich zu haben, ohne ihr beizuwohnen, als einen Toten zum Leben zu erwecken? Zum Geringeren bist du nicht in der Lage und da willst du, dass ich dir das Größere glaube?"

Bernhards gereizte Reaktion auf die provokante Behauptung einiger wohl wenig gebildeter Sonderlinge, sie seien die wahren Christen, mag zeigen, dass hier ein wunder Punkt getroffen wurde. Dies gilt nicht für Bernhard persönlich, der sehr asketisch gelebt hat, aber ganz bestimmt durfte sich der reiche, verweltlichte Klerus angesprochen fühlen. Das, was sich in den 40er-Jahren des 12. Jahrhunderts abspielte, waren jedoch höchstens die ersten Funken eines künftigen Flächenbrandes. Denn wir haben es hier mit der gewaltigsten häretischen Strömung des gesamten europäischen Mittelalters zu tun, die die römische Kirche massiv herausgefordert hat: die der Katharer, deren Name vom griechischen Wort katharós abgeleitet ist, was so viel wie „rein" bedeutet. Diese „Reinen" haben wiederum im Deutschen sprachbildend gewirkt, denn die Bezeichnung „Ketzer" stammt direkt vom Namen Katharer ab. In Südfrankreich wurden ihre Anhänger dagegen Albigenser nach der Stadt Albi genannt. Sie selbst bezeichneten sich als „gute Männer" respektive „gute Frauen" oder als „wahre Christen".

Diese Bewegung oder Sekte oder wie auch immer man diese Gruppe bezeichnen will, hat sich verschiedentlich als christlich dargestellt, führte aber auch dem Christentum fremdes oder davon abweichendes Gedankengut mit sich. Ihr Weltbild lässt sich als dualistisch beschreiben, also geprägt von einer Kampfsituation zwischen guten und bösen Mächten, wobei sie glaubten, dass sich der ursprünglich gute Satan gegen Gott aufgelehnt habe und deswegen aus dem Himmel gestürzt worden sei. Dabei habe er Engel verführt und mit sich gerissen – dies seien die Seelen der Menschen, die der Satan in von ihm geschaffene Körper eingesperrt habe. Diese Mythen bildeten allerdings nur eine gemäßigte Version der katharischen Lehre; der radikale Dualismus sah den Teufel als eine selbstständige göttliche Gegenmacht, die die Welt geschaffen und sich als der Gott des Alten Testaments zu erkennen gegeben habe, und gewann im letzten Drittel des 12. Jahrhunderts die Oberhand in der Bewegung der Katharer und Albigenser. Der gute Gott, der des Neuen Testaments, will demnach, dass die Menschen den ihnen innewohnenden göttlichen Funken erkennen und ihre Seele durch strenge Enthaltsamkeit von der bösen, dämonischen Welt befreien. Jesus Christus gilt dabei als ideales Vorbild, als Engel, aber keineswegs als Erlöser. Erlösen müssen sich die Gläubigen durch einen reinen Lebenswandel vielmehr selbst.

Der kosmologische Dualismus ist uralt, aber die eigentlichen Wurzeln des katharischen Glaubens liegen auf dem Balkan. Dort kursierten im 10. Jahrhundert dualistische Lehren eines Predigers namens Bogumil, die heimkehrende Kreuzfahrer später nach Westeuropa mitbrachten und die auch über den Umweg Byzanz dorthin gelangten. Im Abendland wiederum scheint das Gedankengut einen Nerv der Zeit getroffen und viele Menschen weit stärker überzeugt zu haben als die häufig verweltlichte römische Kirche, denn anders ist sein unglaublicher Erfolg kaum zu erklären: Es entstand geradezu eine Gegenkirche der Katharer und Albigenser, mit einer eigenen Hierarchie und einer wenn auch uneinheitlichen Lehre, die viel unterschiedliches Glaubensgut aufnehmen konnte und regional stark differierte. Ihre Hochburgen lagen vor allem in Südwestfrankreich, Ober- und Mittelitalien sowie in Burgund, Flandern und Nordfrankreich. In Deutschland lebten sie überwiegend am Rhein. Ihre Anhänger, ursprünglich meist kleine Leute, rekrutierten sich bald aus allen Gesellschaftsschichten, waren Adlige, Geistliche, Gebildete, Bauern. Die Katharer kannten drei Stufen der Glaubensvollendung: Vollkommene, einfache Gläubige und Zuhörer, wobei Letztere nur Sympathisanten waren, die nicht im engeren Sinne zur katharischen Kirche gehörten. Ein Motiv für regionale Herrscher, die Bewegung zu unterstützen oder sich ihr anzuschließen, mag in der Hoffnung gelegen haben, sich dadurch den Ansprüchen Roms oder des französischen Königs zu entziehen.

Die lateinische Kirche wirkte in den ersten Jahrzehnten ausgesprochen gelähmt und als Institution unfähig, diese Herausforderung anzunehmen. Ein erstes Ausrufezeichen setzte das dritte Laterankonzil im Jahr 1179, das die Bewegung insgesamt als Landstreicherei brandmarkte und zu ihrer Bekämpfung aufrief. Ketzer und ihre Sympathisanten sollten exkommuniziert werden. Der entscheidende und umso härtere Gegenschlag erfolgte zu Beginn des 13. Jahrhunderts unter

Papst Innozenz III. Zunächst rief er 1208 einen Kreuzzug aus. Das vierte Laterankonzil von 1215 präzisierte die rechtlichen Voraussetzungen für die Verfolgung von Ketzern. In der Folgezeit gab Rom eine doppelte Antwort, wenn man so will, eine positive und eine destruktive, die allerdings beide eng miteinander verbunden waren. Die positive lag in einem eigenen neuen Glaubensernst, der sich in der Gründung der Bettelorden des Dominikus und des Franziskus von Assisi zeigte und der den Katharern und Albigensern mit Sicherheit viele Anhänger wieder entzog. Aber die Kirche reagierte auch mit einer erheblichen Kriminalisierung häretischer Strömungen und dem Aufbau der Inquisition gemeinsam mit der weltlichen Macht. Dies sollte so manchem Abweichler den Tod auf dem Scheiterhaufen bringen. Die Mehrzahl der Inquisitoren kam aus den Orden der Dominikaner und Franziskaner, die so den Arm der Kirche im Kampf gegen die Heterodoxie bildeten.

Ketzerei als Verbrechen gegen Gott und Verstoß gegen seine Ordnung – so wurde die Bewegung der Katharer und Albigenser also geradewegs zu einem Kriminalfall gemacht, der zudem die Maßstäbe für den Umgang der Kirche mit Ketzern in den folgenden Jahrhunderten setzte.

Aber noch lange bevor das juristische Prozedere gegen Ketzer bis zur Mitte des 13. Jahrhunderts endgültig festgeschrieben wurde, kam es zum Kreuzzug gegen die südfranzösischen Albigenser, der sich über 20 Jahre hinzog und zu grauenhaften Gewaltexzessen führte. Meist nordfranzösische Ritter zogen unter der Führung des Grafen Simon de Montfort in den Süden, um sich dort den vom Papst versprochenen Sündenablass im Kampf gegen die Albigenser und die Herren, die sie schützten, darunter insbesondere der Graf von Toulouse, zu erstreiten. Gleich im Sommer 1209 eroberte das Kreuzfahrerheer beispielsweise die Stadt Béziers und metzelte etwa 20.000 Einwohner dahin. Sogar ein König verlor in den Kämpfen sein Leben: Peter II. von Aragón, der sich mit den albigensischen Herrschern verbündet hatte, fiel 1213 in einer Schlacht gegen die Truppen Simons de Montfort. Aber auch Simon überlebte den Kreuzzug nicht – er starb 1218 bei der Belagerung von Toulouse. Erst der neue französische König Ludwig VIII. konnte der Auseinandersetzung eine entscheidende Wende geben. Religiöse und politische Dimensionen dieses Waffenganges überlagerten sich und am Ende stand ein Ergebnis, das mit den ursprünglichen Zielen nicht mehr viel gemeinsam hatte. Die Albigenser waren keineswegs ausgerottet, aber die riesige Grafschaft Toulouse stand nunmehr in Abhängigkeit von der französischen Krone – für das Königsgeschlecht der Kapetinger in Paris ein grandioser und eminent wichtiger Erfolg, aber in schweren Kämpfen erkauft um den Preis eines kulturellen Kahlschlags in dem einst blühenden Land.

An die Zeit der Albigenserverfolgung erinnern uns noch heute Burgen, die wie Adlernester stolz und trutzig über dem Vorland der Pyrenäen thronen und deren Anblick dem Betrachter den Atem rauben kann. Zu ihnen gehören Montségur, das 1245 fiel, Peyrepertuse und Quéribus, um nur die bekanntesten zu nennen; dort verschanzten sich die Angegriffenen vor den feindlichen Heeren, bis der lange Arm des Papstes und des Königs die Oberhand gewonnen hatte. Während die Sprache des französischen Südens, die Langue d'Oc, als Minderheitensprache bis in unsere Gegenwart fortlebt, sind Katharer und Albigenser im Laufe der Zeit gewaltsam ausgelöscht worden. Um 1250 war ihr Stern bereits deutlich im Sinken begriffen. Dennoch hielt sich ihre Lehre mancherorts überraschend lange. In einem kleinen Dorf namens Montaillou am Fuße der Pyrenäen hingen fast alle Einwohner im frühen 14. Jahrhundert wieder dem ketzerischen Glauben an. In den Jahren zwischen 1318 und 1326 verhörte der zuständige Bischof Jacques Fournier, der spätere Papst Benedikt XII., die Abtrünnigen intensiv und versuchte die Ketzerei auszurotten. Zwar verzichtete er dabei auf die Anwendung der Folter, die Urteile führten aber meist zu strenger Kerkerhaft, in der viele der Verurteilten starben. Andere wurden dazu verpflichtet, als Bußleistung eine Wallfahrt zu unternehmen oder lebenslang ein großes, gelbes Ketzerkreuz auf der Kleidung zu tragen. Einen Delinquenten ließ Fournier verbrennen. Die Protokolle der Verhöre liegen fast lückenlos vor und bieten lebendige Einblicke in das Leben und den Glauben der Bauern aus Montaillou und Umgebung. Auch viele Mythen der Katharer und Albigenser sind dabei aufgezeichnet worden. So erzählten sich die Schäfer des Ortes die Geschichte des Sündenfalls, wonach die vom Bösen verführten Geister durch ein Loch aus dem Himmel auf die Erde stürzten. Als Gott bemerkte, was da geschah, verschloss er das Loch schnell mit seinem Fuß, etliche Seelen waren aber schon verloren. Sie mussten auf der Erde nun die fleischlichen Gewänder anziehen, die ihnen der Teufel gab, und sich den Gesetzen der

Seelenwanderung unterwerfen. Einige konnten nach mehreren Leben im Leib eines Tieres oder Menschen wieder in den Himmel zurückkehren – und zwar dann, wenn sie mit Askese das irdische Dasein durchbrochen hatten. Die Schäfer von Montaillou glaubten, dass die Erde der Vernichtung und dem Chaos anheimfallen werde, wenn keine läuterungsfähigen Seelen mehr auf ihr lebten. Dann werde der Himmel auf die Erde fallen, Sonne und Mond würden erlöschen, Feuer das Meer verzehren und das Meer das Feuer vertilgen. Ein See von Pech und Schwefel werde anschließend die Erde verschlingen und die Hölle bilden. Und die Gläubigen, die vor diesem Inferno des Jüngsten Tages gerettet würden, würden schließlich die letzten Ungläubigen vernichten, miteinander tanzen und ewig in Liebe zueinander vereint bleiben (nach Le Roy Ladurie).

Bald danach, um 1330, verlieren sich die letzten Spuren der Katharer und Albigenser in Südfrankreich, in Italien gar erst gegen Ende des 14. Jahrhunderts. Wie häufiger in der Geschichte des Christentums haben Häretiker der Kirche einen Spiegel vorgehalten und sie auf ihre Defizite, sei es in der Lehre, sei es in der Lebensführung, aufmerksam gemacht. Wie hier ging sie meist gestärkt aus den Auseinandersetzungen hervor, aber die Zahl der Opfer war im 13. Jahrhundert erheblich gestiegen.

Der ehelichen Untreue bezichtigt: Das Schicksal der bayerischen Herzogin Maria von Brabant (1256)

Die dreißigjährige Herzogin von Bayern kniete in dieser eiskalten Januarnacht bloß mit ihren Nachtgewändern bekleidet auf dem Steinfußboden der Kapelle auf Burg Mangoldstein und betete. Die wenigen Kerzen erhellten den kleinen Raum nur kärglich und ließen die vor Kälte und Angst zitternde Gestalt in der Dunkelheit allein. In Maria tobten die Gedanken unkontrollierbar und immer wieder überfiel sie das Entsetzen über die furchtbare Anordnung ihres Gatten. Wie konnte Ludwig ihr das antun? Helika und Mechthild, ihre liebsten und vertrautesten Dienerinnen, waren schon tot; grausam waren sie völlig unschuldig in den Tod gestürzt worden. Die Trauer über all das, was nun nicht mehr kommen würde, floss in einem Strom von Tränen über ihre Wangen. Trotzdem versuchte sie sich auf ihre Gebete zu konzentrieren, das Einzige und Letzte, was sie für ihren geliebten Gemahl noch tun konnte: Sie betete um sein Seelenheil und um Vergebung für ihn, wenn er vor dem letzten Gericht stehen würde. Das Knarzen der schweren Eichentür kündigte die beiden Wachen an, die sie zu ihrem letzten Gang abholen würden. Sie senkten die Köpfe und warteten schweigend, bis die Herzogin sich erhoben hatte. Als sie den Burghof betraten, ging ein Raunen durch die Zuschauermenge: Die eine Hälfte der Wartenden machte ihrem Entsetzen Luft, doch die andere sah grimmig der Vollstreckung der vermeintlich gerechten Strafe entgegen. Maria beachtete sie gar nicht und suchte flehentlich Ludwigs Blick. Doch ihr Gatte schien mit eiskalter Miene durch sie hindurchzustarren. Sein Wams war noch voll vom Blut des Burgvogtes, der von ihrer Unschuld überzeugt war und sich geweigert hatte, dem Befehl des Herzogs nachzukommen. Etwas abseits standen die Mönche des nahe gelegenen Benediktinerklosters. Während sich die Herzogin vor den Richtbock kniete, versuchte sie in deren murmelnde Gebete einzustimmen. Dann war alles vorbei. Man hatte Maria, Herzogin von Bayern und Pfalzgräfin bei Rhein, in der Nacht vom 17. auf den 18. Januar 1256 enthauptet.

Nach der Hinrichtung eilten die Mönche zu ihrem leblosen Körper und nahmen ihn an sich, um die Herzogin zusammen mit ihren beiden Hofdamen in ihrem Kloster beizusetzen.

Was war passiert oder was hatte sie getan, dass ihr Gatte, Herzog Ludwig II. von Bayern, seine Frau mitten in der Nacht im Burghof von Mangoldstein ohne Erbarmen enthaupten ließ?

Um diese Frage zu beantworten, müssen wir eineinhalb Jahre zurückgehen. Maria, die Tochter Herzog Heinrichs II. von Brabant und Enkeltochter König Philipps von Schwaben, wurde am 2. August 1254 im Alter von 28 Jahren mit dem Wittelsbacher Herzog Ludwig von Bayern verheiratet. Im Mittelalter dienten Ehen in adligen Kreisen in der Regel politischen Zwecken: Die beiden Familien besiegelten mit der Vermählung also ihr Bündnis und bestätigten sich so ihre gegenseitige Unterstützung im Krieg und auf der politischen Bühne. Die Dynastie der Wittelsbacher, der Ludwig entstammte, hatte es in den vorausgehenden hundert Jahren geschafft, sich in die obersten Ränge der Mächtigen hochzuarbeiten. Eine Heldentat wie die Rettung Friedrich Barbarossas aus einer lebensgefährlichen Situation wusste der Stauferkaiser nicht nur mit lebenslanger Freundschaft, sondern auch vielen materiellen Anerkennungen und wichtigen Ämtern zu würdigen. Aber auch nach den folgenden politischen Auseinandersetzungen zwischen den Dynastien der Staufer und der Welfen mit Heinrich dem Löwen, Friedrich Barbarossas Tod und den Wirrnissen vor der Thronbesteigung Friedrichs II. zahlte sich die Treue zu den Staufern für die Wittelsbacher aus. Der Kaiser belohnte Herzog Ludwig I. von Bayern mit der Pfalzgrafschaft bei Rhein. Das war nicht nur ein Titel oder ein Stückchen Land, sondern eine überaus angesehene Position: Jetzt nahm der Geehrte die Funktion des Reichsverwesers ein, also des Stellvertreters des Königs, wenn sich dieser außerhalb des Reiches aufhielt! Außerdem war er die oberste Gerichtsinstanz, sollten die Reichsfürsten gegen den König Klage führen. Schließlich durfte er nach dem Tod des Herrschers die Fürsten zur Wahl des neuen Herrschers einladen.

Die Wittelsbacher hatten es also zu sehr viel Macht und Einfluss gebracht. Aber auch das Haus Brabant, dem die Braut entstammte, konnte durch eine sehr geschickte Heiratspolitik Verbindungslinien nicht nur zu den Stauferkaisern selbst, sondern auch zu den bedeutendsten Herrscher- und Adelshäusern in Europa und Byzanz vorweisen. Und auch sie waren Kaiser Friedrich II. treu ergeben. Da bot es sich förmlich an, diese beiden Dynastien miteinander zu verbinden und eine Ehe zwischen den Kindern zu vereinbaren. Angeblich soll das auf Befehl Friedrichs II. schon 1236 geschehen sein, als Maria erst zehn und Ludwig noch keine sieben Jahre alt war. Das Ungewöhnliche daran ist nicht, dass die beiden noch Kinder waren, denn dass Unmündige von ihren Familien per Heiratsvertrag einander versprochen wurden, galt als durchaus üblich. Verwunderlich ist vielmehr, dass man mit der eigentlichen Trauung noch 18 Jahre gewartet haben soll, bis die Braut 28 Jahre alt war. Für eine frühere offizielle Verbindung gibt es in den Quellen keine Anhaltspunkte. Welche Gründe für das Hinauszögern der Hochzeit gesprochen haben könnten, lässt sich heute nicht mehr nachvollziehen, aber wir wissen, dass sie stattgefunden hat, denn Maria wird in zahlreichen zeitgenössischen Quellen als „uxor", also Ehefrau Ludwigs bezeichnet.

Ungefähr zur Zeit der Eheschließung von Ludwig und Maria im Sommer 1254 gründeten die Städte entlang des Rheins den sogenannten Rheinischen Bund. Mit diesem Schutzbündnis wollten sich die Bürger gegen die immer häufiger werdenden Raubüberfälle zur Wehr setzen. Herzog Ludwig trat als erster Reichsfürst diesem Bündnis bei und garantierte zunächst dessen militärischen Schutz. Die oberste Schutzherrschaft des Rheinischen Bundes übernahm im Oktober darauf Wilhelm von Holland, der zu dieser Zeit offiziell als römisch-deutscher König anerkannt wurde. Nicht unwichtig ist noch, dass König Wilhelm ebenfalls von der Brabanter Linie abstammte und deshalb ein enger Verwandter Marias war. Ludwig hatte also neben seinem hohen Amt als Reichsverweser auch über die familiären Verbindungen seiner Ehefrau Maria einen direkten Kontakt zum Königshof und, wie es zunächst schien, keinerlei Interesse, diesen in irgendeiner Weise zu gefährden.

Während König Wilhelm in der Folgezeit gegen Feinde in Flandern kämpfen musste, vertrat ihn Herzog Ludwig als Stellvertreter im Reich. Im November 1255, ein Jahr später, unternahm er von seiner Residenz in München aus einen Kriegszug in die Rheinpfalz. Der Raubritter Hermann von Rietburg hatte Elisabeth, die Frau König Wilhelms, überfallen und hielt sie auf seiner Burg gefangen. Gemeinsam mit etlichen anderen Adligen sowie den Bürgern der Städte Worms, Oppenheim und Mainz zog Ludwig vor die Feste und belagerte sie so lange, bis die Königin befreit werden konnte.

Auf diesem Kriegszug begleitete den Herzog von Bayern fast sein ganzer Hofstaat. Natürlich beteiligten sich nicht alle an den Kämpfen; die Frauen, Kinder und Diener blieben auf Burgen in der Nähe zurück, wo ihre Versorgung und Sicherheit besser gewährleistet war. Selbstverständlich befand sich auch seine Ehefrau Maria unter ihnen. Da bei den meisten arrangierten Verbindungen Sympathie, Zuneigung oder gar Liebe zwischen den Eheleuten keine Rolle spielten, ist es in diesem Fall umso bemerkenswerter, dass Maria ihrem Ludwig nicht nur treu ergeben, sondern auch in Liebe zugetan gewesen sein soll. Darüber hinaus kümmerte sie sich trotz ihres hohen Standes als Herzogin in Nächstenliebe um das Wohl des einfachen Volkes, war strenggläubig und fromm.

Auf dem Weg in die Rheinpfalz rastete die Streitmacht im Januar 1256 im heutigen Donauwörth, das zu dieser Zeit „Werd" genannt wurde. Auf dem Mangoldfelsen in der Nähe lag die Burg Mangoldstein. Dort ließ Ludwig seine Gattin samt dem höfischen Gefolge zurück, um mit seinen bewaffneten Truppen zügig weiterzuziehen.

Kurz darauf wurde von der Burg ein Bote zu Ludwig und seinen Rittern losgeschickt. Im Gepäck hatte er zwei Briefe von Maria: Der eine war für den Herzog, der andere Brief aber war für einen Ritter in seinem Gefolge. Doch mit der Übergabe der Schreiben nahm das Verhängnis seinen Lauf. Der bayerische Chronist Veit Arnpeck verfasste Ende des 15. Jahrhunderts die erste ausführliche Schilderung der folgenden Ereignisse:

> Und als der Bote in das Heerlager kam, fand er den Ritter nicht und übergab die Briefe dem Herzog persönlich. Als dieser aber den [zweiten] Brief gelesen hatte, dachte er, dass seine Frau ihre Ehe gebrochen oder zumindest die Absicht dazu hätte. Voller Argwohn und in mit ihm durchgehenden Zorn eilte er heim und duldete keine Entschuldigung der frommen Frau. Außer sich und von unbesonnener Rache getrieben, tötete er die unschuldige Fürstin auf erbärmliche Weise und warf ihre Jungfrauen über die Außenmauer und nötigte einen Wächter, seine Frau zu enthaupten.
>
> Übersetzung ins Hochdeutsche nach: Veit Arnpeck, Sämtliche Chroniken, S. 515 f.

Ludwig las also den nicht für ihn bestimmten Brief und geriet völlig in Rage, denn eine missverständliche oder in seinen Ohren allzu vertraulich klingende Formulierung brachte ihn zu der Überzeugung, seine Frau betrüge ihn mit dem Ritter. Rasend vor Eifersucht brach er sofort seinen Zug ab und ritt zur Burg Mangoldstein zurück. Dort hielt er kurz über seine Frau Gericht, ohne sie dabei zu Wort kommen zu lassen. Sein Zorn blendete ihn dabei so, dass er Maria kurzerhand für schuldig befand und sie in derselben Nacht im Burghof köpfen ließ. Auch ihre beiden Hofdamen Helika von Prennberg und Mechthild von Pailstein starben noch in dieser Nacht, weil sie angeblich die ehebrecherischen Treffen deckten; Ludwig ließ sie von den Burgzinnen werfen.

Die Beisetzung Marias von Brabant und ihrer beiden Hofdamen fand im Benediktinerkloster Heilig Kreuz in Werd statt. Ursprünglich lag ihr Grab im heutigen „Brabanter Saal". Wegen ihres gewaltsamen Todes wurde die Herzogin schon kurze Zeit später wie eine Heilige verehrt und man sprach ihren Gebeinen eine heilende Wirkung zu.

Georg Spalatin, der Berater, Geheimschreiber, Archivar und Beichtvater des sächsischen Kurfürsten Friedrich der Weise und spätere Weggefährte Martin Luthers, verfasste Anfang des 16. Jahrhunderts eine „Chronik der Sachsen und Thüringer", die in der Werkstatt Lucas Cranachs des Älteren kunstvoll illustriert wurde. Auf drei Seiten widmet sich der Autor dem Schicksal der Maria von Brabant und beschreibt ihre Verehrung:

Von der Seligen Fürstin und Pfalzgräfin bei Rhein Frau Maria

Diese selige Fürstin Frau Maria ist eine Pfalzgräfin bei Rhein und Herzogin von Bayern gewesen. [… Sie] hat ein christliches Leben geführt und Gott so treu gedient, dass ihr die Hälfte der Leute am Hof nicht geneigt waren und sie vor ihrem Gatten bezichtigten, dass sie mit einem Grafen ihre eheliche Ehre vergessen hätte. Daraufhin erstach ihr Mann sie im übergrimmigen Zorn. Unter großen Wehklagen der Einwohner der Stadt Werd, in der Maria ihr heiliges Leben geführt hatte, wurde sie im Kloster beigesetzt. Bei ihrem

Begräbnis soll ihr Gatte verschwunden und von niemandem mehr gesehen worden sein. Die Fürstin aber wurde wie eine Heilige verehrt und ihrem Grab heilende Kräfte nachgesagt.

Georg Spalatin, Chronik der Sachsen und Thüringer, fol. 74r–75r, ins Hochdeutsche übersetzt nach dem Digitalisat und der Transkription der Universität Würzburg.

Über 600 Jahre später bettete man ihre sterblichen Überreste um und so fand sie 1897 in der Gruft der Heilig-Kreuz-Kirche ihre letzte Ruhestätte. Gedenkplatten für Maria und die beiden Hofdamen am Boden daneben erinnern an jenes Unrecht.

Dass es sich bei den Hinrichtungen um Mord handelte, erkannten schon die Zeitgenossen. So finden wir in zahlreichen Stadtchroniken und klösterlichen Totengedenkbüchern den Eintrag, dass Maria von ihrem Mann ermordet worden sei. Den gängigen Rechtsnormen, wie sie uns der kurz zuvor entstandene Schwabenspiegel veranschaulicht, entsprach Ludwigs Vorgehen ebenfalls nicht! Ein betrogener Ehemann hatte zwar das Recht, seine untreue Gemahlin zu bestrafen, doch durfte er nur dann zum Schwert greifen, wenn ihre Schuld eindeutig erwiesen war. Man musste die Ehebrecherin also entweder in flagranti erwischen oder mit Hilfe von mehreren Zeugen in einem Gerichtsprozess ihre Schuld beweisen. Im Fall, dass die Frau bei ihrem Liebhaber angetroffen wurde, durfte der betrogene Ehemann auch diesen töten. Da die Quellen aber weder von dem Tod des Ritters noch von einem Prozess berichten, muss der vor Eifersucht rasende Herzog wohl im Affekt gehandelt haben. Dass sich Ludwig als Reichsverweser und im Kampf für den Rheinischen Bund als ehrgeiziger Mann gezeigt hat, der auf eine Verbesserung seiner politischen Stellung am Königshof bedacht zu sein schien, spricht ebenfalls gegen ein geplantes Vorhaben. Auch Marias Verwandtschaft mit dem König hätte möglicherweise politische Konsequenzen nach sich ziehen können. Doch da Wilhelm nur zehn Tage später in einem Feldzug gegen die Friesen fiel, gab es bis zur Wahl des Nachfolgers auf dem römisch-deutschen Thron keinen, der den bayerischen Herzog hätte anklagen können. Bis dahin war er, Ludwig, als Reichsverweser der Stellvertreter des Königs. Für ihn waren diese Entwicklungen also sehr vorteilhaft.

Aber Spalatin spricht in seinen Zeilen noch einen anderen Aspekt an: Maria soll aufgrund ihrer frommen, altruistischen Haltung Neid und Intrigen an Ludwigs Hof ausgesetzt gewesen sein. Hatten diese ihr nicht gewogenen Personen mit hinterhältigen Einflüsterungen vielleicht einen Anteil an der plötzlichen rasenden Eifersucht des Bayernherzogs? Wir wissen es nicht.

Nach der Hinrichtung seiner Frau soll Ludwig seine Fehlentscheidung völlig entsetzt erkannt haben. Wenn er sich für dieses vorschnelle Urteil auch vor keinem irdischen Richter verantworten musste, so galt das nicht für das Gericht vor Gott. Aus Zerknirschung über seine Tat und in der Hoffnung auf Sühne suchte Ludwig Papst Alexander IV. in Rom auf. Der Pontifex ließ ihm die Wahl, als Zeichen seiner Buße entweder ein Karthäuserkloster für zwölf Mönche zu gründen oder einen Kreuzzug ins Heilige Land zu unternehmen. Der Herzog zog den Bau eines Klosters vor – jedoch für den Zisterzienserorden. Auf dem „campo principis" bei Bruck wurde, wie vom Papst bestimmt, schließlich das Kloster Fürstenfeld errichtet.

Als der Wittelsbacher 1294 in seiner pfälzischen Residenz in Heidelberg gestorben war, wurde deutlich, welche persönliche Bedeutung dieses Kloster für Ludwig gehabt haben muss: Denn in seinen Testament hatte er es als Ort seines Begräbnisses vorgesehen. Zwar wurde der Herzog in der dortigen Kirche beigesetzt, doch durch die zahlreichen Umbauten ist die genaue Stelle seiner Grablege heute nicht mehr bekannt. Lediglich eine barocke Statue erinnert heute noch an ihn. Sicherlich auch wegen der ungerechtfertigten Hinrichtung seiner Frau Maria erhielt Ludwig von der Nachwelt den Beinamen „der Strenge".

Der „Rintfleisch-Pogrom“: Mord an Tausenden Juden in Süddeutschland (1298)

Ich weine über die Härte des Geschickes und klage mit betrübtem Gemüte über die Trümmer meiner Heiligtümer, welche öffentlich verbrannt wurden. Abermals rinnen meine Tränen über Ganz- und Brandopfer, über die Märtyrer auf dem Scheiterhaufen. (Refrain:) Es wurde zum Klagelied meine Harfe und meine Flöte zu Jammertönen!

Mit einer geschändeten Hostie sannen sie auf böse Anschläge und mehrten den Treubruch, indem sie zu den Besten des heiligen, hohen Volkes sprachen: „Ihr habt unseren Gott gestohlen ...!“ (Refrain)

„Freventlich habt ihr ihn zermalmt, im Mörser ihn zerstoßen, um das ausfließende Blut zu sammeln. Ihr verteiltet es, hängtet es auf eine Stange und schicktet es in die ganze Diaspora eures in die Irre gehenden Lagers.“ (Refrain)

Im Jahre 5058 (1298) brachtest Du uns zu Fall, verstießest, verließest uns. Jetzt kehrt die Taube (Israel) zu Dir zurück, denn sie hat keine Ruhe gefunden und Kinder und Greise liegen auf den Straßen. (Refrain)

Ach, wie ist der 2. Monat, in dem einst der Tempel erbaut wurde, verwandelt zu Herzeleid, Angst und Schmerz. In der Stadt Röttingen begann unsere Trauer, denn dort wurden die Edelsten des Volkes erschlagen, sie, die den Perlen glichen. (Refrain)

„Wehe, wehe Blutstadt!“, rufe und schreie ich über Rothenburg, das freventlich vom Blute gerötete. Ach, wie sind die Helden gefallen und verloren die Kriegswaffen, ach, wie wurde durch ihre Großen und Bedrücker die Stadt so fluchbeladen! (Refrain)

Ist das die Tora und ihr Lohn für den, der sie lernt und lehrt! Mardochai halevi, der Schatz aller Kostbarkeiten, dessen Einfluss groß war, er, der Oberste in der Versammlung der Gelehrten – ach, wie ist er gefallen in die Hand des Unvolkes, des dornengleichen. (Refrain) [...]

Der Monat Ab blieb bestimmt fürs Unglück. Trauernd werfe ich meinen Schmuck fort und schere kahl mein Haupt wegen des berühmten Würzburg, der stolzen Stadt, welche ein Raub der Flammen, des Hohns und der Plünderung wurde, sodass keiner übrig blieb in Jakobs Zelten, sondern alle zur Schlachtbank geschleppt wurden. (Refrain) [...]
Mein Herz zergeht wegen der Märtyrer Nürnbergs, meine Augen fließen von Tränen wie die Rinne am Regentage. Zu viel sind der Opfer, als dass ich sie zählen könnte; denn für Dich, o Gott, wurde voll das Tausend der edelsten Männer und Frauen und zarten Kinder. (Refrain) [...]

Auszüge aus einem zeitgenössischen jüdischen Klagelied über die Verfolgungen des Jahres 1298. Modernisierte Übersetzung aus dem Hebräischen nach Salfeld, Martyrologium des Nürnberger Memorbuches, S. 344 f.

Das Ausmaß an Hass und Gewalt, das im Sommer 1298 über die Juden in Franken hereinbrach, besaß gegenüber vorangegangenen Akten der Feindseligkeit eine völlig neue Dimension: Auf Gerüchte hin, Juden hätten in Röttingen im Taubertal, unweit von Würzburg, eine Hostie, also den Inbegriff der leibhaften Gegenwart Christi auf Erden, misshandelt, ließ sich eine aufgewiegelte Volksmenge dazu hinreißen, alle Juden in der Stadt zu erschlagen. An der Spitze des Mobs stand ein Mann, den seine Anhänger später „König Rintfleisch" nannten und dessen Identität wir heute nicht mehr klar bestimmen können. In manchen zeitgenössischen Quellen erscheint er als Ritter, wahrscheinlicher war er aber Metzger oder vielleicht sogar Henker, also nichtadliger Herkunft. Rotten unter seiner Führung töteten über den gesamten Sommer 1298 hinweg Juden in vermutlich 150 größeren und kleineren Ortschaften der Region, darunter die gesamte jüdische Bevölkerung der Städte Würzburg und Nürnberg. Erst der neu gewählte römisch-deutsche König Albrecht I. beendete das Morden und bestrafte einige der Verantwortlichen für die Gewaltexzesse mit Verbannung und Geldbußen.

Bis zu diesem Zeitpunkt war den Juden des Reiches bereits einiges zugemutet worden: In den zweihundert Jahren seit dem Aufruf zum ersten Kreuzzug von 1096, der sich primär gegen die Muslime gerichtet, sich aber auch auf die Juden als vermeintliche „Christusmörder“ auf dem Gebiet des römisch-deutschen Imperiums ausgewirkt hatte, kam es immer wieder zu Verfolgungen. Allerdings lebte die Judenschaft des Reiches auch während längerer Phasen, vor allem unter dem Schutz der Kaiser und Könige, unbehelligt und in gutem Auskommen mit ihren christlichen Nachbarn zusammen. Doch allzu sicher durfte sie sich nicht fühlen, denn nach dem Abflauen der Kreuzzugspogrome, die an der Wende vom 11. zum 12. Jahrhundert die Atmosphäre vergiftet hatten, kam es zu gelegentlichen punktuellen Übergriffen, die zunächst noch keine größeren Regionen erfassten. Das änderte sich im Verlauf des 13. Jahrhundert zusehends: Nach dem Mord an einem Kind, dem „guten Werner“, im Jahr 1287 ergoss sich im Rhein-Mosel-Gebiet wieder eine größere Welle der Gewalt über die Juden, die man für die Untat verantwortlich machte. 1290 ereigneten sich in Paris, 1291 in Westfalen und 1294 in Niederösterreich weitere Massaker, bereits zuvor waren verschiedentlich jüdische Gemeinden in Deutschland ausgelöscht worden. Außer dieser offenen Aggression kam es auch zu zahlreichen Ausgrenzungen und Verleumdungen unterschiedlicher Art, die nicht selten die römische Amtskirche in unverblümter Abneigung gegen das Judentum forderte oder billigte. Da es Christen untersagt war, in Geldgeschäften Zinsen zu verlangen, übernahmen dies Juden, ja sie waren dazu gezwungen, weil die Kirche sie 1215 auf dem Vierten Laterankonzil von allen handwerklichen und gewerblichen Berufen ausgeschlossen hatte. Sie zogen aber auch Hass auf sich, wenn sie als Pfandleiher zu Reichtum gelangten. Ihr Geld verlockte im Laufe des Mittelalters im Übrigen viele Herrscher dazu, es ihnen wieder abzunehmen – mit Sondersteuern, als Gegenleistung für Schutzbriefe oder durch Vertreibungen, wie etwa im Jahre 1306, als König Philipp der Schöne von Frankreich rund 100.000 Juden des Landes verwies, nachdem er sie enteignet hatte.

Mit dem Rintfleisch-Pogrom begannen etwa fünf Jahrzehnte, in denen Teile der christlichen Bevölkerung in Deutschland wie auch in anderen Ländern besonders häufig Schuldige für eine krisenhafte wirtschaftliche und politische Entwicklung suchten und diese in den Juden zu finden glaubten: Zwischen 1336 und 1338 nahm der sogenannte Armlederaufstand in Franken, am mittleren Rhein und im Elsass bis hinein nach Österreich die Gewalttaten der Pestzeit um die Jahrhundertmitte vorweg, als im ganzen römisch-deutschen Reich Menschen wegen ihres jüdischen Glaubens sterben mussten. Dabei wiederholten sich die auslösenden Motive: außer der erwähnten Hostienschändung angeblicher Ritualmord und Bildfrevel. Vor allem in der Pestzeit wurde ihnen auch vorgeworfen, die Brunnen zu vergiften und damit Seuchen hervorzurufen. Nach der großen Pestwelle lebten vermutlich noch 25.000 bis 30.000 Juden im Reich. Im frühen 14. Jahrhundert waren es rund 100.000 gewesen.

Falsch wäre es allerdings, den Antijudaismus des Mittelalters mit den Maßstäben der Neuzeit zu messen. Im Gegensatz zum rassisch begründeten Antisemitismus, der im 20. Jahrhundert die Vernichtung großer Teile des europäischen Judentums herbeigeführt hat, galten Menschen jüdischen Glaubens hier noch als Feinde des Christentums, deren Treiben im Namen Jesu Christi Einhalt geboten werden müsse: Ein guter Christ stellte sich glaubensfeindlichen Umtrieben entgegen. Antijüdische Gewalttaten konnten also geradezu als frommes christliches Werk erscheinen. Mittelalterliche Juden hatten auf der anderen Seite häufig die Chance, sich Nachstellungen zu entziehen, indem sie sich taufen ließen, nach Meinung ihrer Verfolger also den richtigen Glauben annahmen – ein Ausweg, den der neuzeitliche Antisemitismus nicht mehr eröffnete. Viele Juden des Mittelalters zogen es allerdings vor, in den Tod gehen, statt sich einer Zwangstaufe zu unterwerfen.

Doch was geschah genau in jenem verhängnisvollen Jahr kurz vor der Wende zum 14. Jahrhundert? Die zeitgenössischen Darstellungen der Ereignisse sind legendarisch gefärbt und stimmen auch nicht überein, dennoch lässt sich ein Kern der Überlieferung rekonstruieren (Friedrich Lotter): Demnach hat wohl der Küster einer Kirche oder ein schlechter Christ aus Röttingen an der Tauber eine Hostie gestohlen und an Juden verkauft, die sie wiederum angeblich missbraucht und gemartert haben. Die Hostie gab sich daraufhin zu erkennen, je nach Darstellung ließ sie ein Licht aufleuchten oder weinte wie ein Kind, sodass besorgte Frauen auf den Plan gerufen wurden, die den Frevel entdeckten und Hilfe herbeiholten. Schon realistischer ist die Nachricht, dass der oben genannte Rintfleisch die mutmaßlichen Hostienschänder vor den Richter gezerrt hat. Unter der Folter wurden sie zu einem Geständnis gezwungen (das natürlich den Erwartungen vollständig entsprach), dann in einem Schnellverfahren verurteilt und auf dem Scheiterhaufen hingerichtet. Damit aber nicht genug: Da in dieses Geschehen die gesamte jüdische Bevölkerung des Ortes involviert sein musste, so die Schlussfolgerung der Aggressoren, begannen Ausschreitungen, denen in den darauffolgenden Monaten zwischen drei- und fünftausend Juden zum Opfer fielen. Nach ihnen musste man auch nicht lange suchen: Juden lebten überwiegend in den Städten und dort häufig in zentral gelegenen Vierteln oder Straßenzügen, die bis heute vielerorts Judengasse oder ähnlich heißen.

Es drängt sich die Frage auf, warum in Röttingen der Landesherr, Kraft von Hohenlohe-Weikersheim, seine jüdische Bevölkerung nicht geschützt hat. Dafür macht der Dominikaner Rudolf von Schlettstadt, der in unmittelbarer zeitlicher Nähe zum Geschehen von 1298 zahlreiche Geschichten gesammelt hat, einen sehr handfesten Grund geltend: Kraft stand bei jüdischen Kaufleuten und Bankiers tief in der Kreide und musste sich bereits auf seinen Bankrott gefasst machen. Insofern kam es ihm sehr gelegen, dass einige seiner Hauptgläubiger von der Bildfläche verschwanden, und deshalb ließ er die Judenschläger des Rintfleisch gewähren.

Von Röttingen aus griff der Pogrom möglicherweise gleich auf die Nachbargemeinden Weikersheim und Creglingen über, ehe er für einige Wochen zum Stillstand kam. Ende Juni flammten die Ausschreitungen im Taubertal und am Main erneut auf und erfassten Orte im größeren Umkreis, so zum Beispiel Neustadt an der Aisch, Rothenburg ob der Tauber, Ochsenfurt, Kitzingen und Mergentheim. Das Nürnberger Memorbuch, ein zeitgenössisches Verzeichnis von Opfern antijüdischer Gewalt zwischen 1096 und 1349 und eine eminent wichtige Quelle für den Rintfleisch-Pogrom, weiß bis in den Juni hinein von ungefähr 300 namentlich genannten Toten. Erneut kam es zu einer Unterbrechung, erneut schienen sich die Rotten zu sammeln und zu verstärken, ehe ab Mitte Juli kein Jude weit und breit mehr seines Lebens sicher sein konnte. Am 18. Juli nahmen sich die Schläger erneut die jüdische Gemeinde in Rothenburg vor, wo ihnen beim ersten Angriff viele entkommen waren. Nach Angaben des Nürnberger Memorbuches konnte sich dort ein Großteil der Angegriffenen zunächst in der Burg in Sicherheit bringen, was auf Unterstützung durch einflussreiche Christen in der Stadt hinweist. Die Burg wurde jedoch nach dreitägiger Belagerung eingenommen und in Brand gesteckt. Knapp 400 Menschen fielen dem Feuer zum Opfer.

Während Teile der Bürgerschaft in Rothenburg noch versucht hatten, die Juden in ihren Mauern zu schützen, so waren deren Glaubensgenossen in Würzburg ihren Verfolgern nahezu schutzlos ausgeliefert. Zwar hatte vorher noch König Albrecht I. versucht, zu ihren Gunsten einzugreifen, wie Rudolf von Schlettstadt berichtet, aber offensichtlich waren die judenfeindlichen Tendenzen in der Stadt zu stark. Am 23. Juli kam es zu einem grauenhaften Gemetzel, das die gesamte jüdische Gemeinde auslöschte, etwa 850 Personen und dazu 100 Fremde, die sich in der Stadt aufhielten: „Als sie in Würzburg sahen, dass sie der Hand der Christen nicht entfliehen konnten, töteten sie ihre Frauen, Brüder, Schwestern, Verwandten und besonders ihre Kinder und warfen danach sich und ihr Hab und Gut ins Feuer", schreibt Rudolf.

Am 28. Juli erlitten die Juden in Bamberg ein ähnliches Schicksal. In Nürnberg konnten sich die Angegriffenen am 1. August zunächst in der Burg verschanzen, die aber ebenfalls keine sichere Zuflucht bot. Diesmal haben wohl Bürger der Stadt den Truppen des Rintfleisch Zugang zur Burg verschafft, sodass diese sich nicht einmal die Mühe einer Belagerung machen mussten.

Demgegenüber ist es in Augsburg und Regensburg gelungen, die Mordbanden außerhalb der Stadtmauern zu halten und das Leben der Juden zu retten – sehr vereinzelte positive Ausnahmen in einem unfassbaren Geschehen. Nach dem Höhepunkt in der zweiten Julihälfte 1298 flaute der antijüdische Furor im August und September allmählich ab, manche Quellen sprechen von letzten Aktionen noch im Oktober. Wahrscheinlich hat ein entschiedenes Eingreifen des neuen Königs Albrecht dem Blutrausch ein Ende gesetzt; er begab sich im September persönlich nach Franken und verhängte empfindliche Geldstrafen über die betreffenden Städte, insbesondere Würzburg und Nürnberg, die es gewagt hatten, ihre Juden dem Mob zur Tötung zu überlassen und deren Vermögen zu plündern. Es finden sich also Hinweise darauf, dass sich Stadtbürger durchaus am Eigentum der Ermordeten bedienten und dass dies sogar dem König zu Ohren gelangt ist. Zudem unterstellte Albrecht die Juden formell seinem Schutz. Über das Schicksal Rintfleischs ist nichts Sicheres bekannt, die Quellen bieten keine handfesten

Hinweise darauf. Die Vermutung liegt nahe, dass er entkommen ist und mit lebenslanger Verbannung bestraft wurde.

Die Täter, die sich um Rintfleisch sammelten, waren in der Regel kleine Leute, Handwerker, Arme, mitunter ermutigt von niederen Geistlichen. Jedenfalls scheinen diesen Menschen keine Zweifel an der Rechtmäßigkeit ihres Tuns gekommen zu sein, was eine Episode bei Rudolf von Schlettstadt illustriert. Demnach ließ Rintfleisch bei der Belagerung einer Ortschaft, die gewillt war, ihre Juden zu schützen, ein großes Kruzifix vorantragen. Nachdem es aus der Richtung der Belagerten von einem Stein getroffen worden und ein Arm abgebrochen war, sonderte es wundersam Schweiß ab. Dieses Zeichen nahm die Unterschicht der Stadt zum Anlass, gegen den Willen der Oberen das zu tun, was den Banden in diesem Fall verwehrt geblieben war: sämtliche Juden zu erschlagen. Hier haben wir eine sehr markante Gemengelage von sozialen Problemen und Formen magischer Religiosität, die sich fatal auf die jüdische Minderheit einer ganzen Region ausgewirkt hat. Adlige haben sich an dem Pogrom nicht offen beteiligt, sie haben sich vielmehr dadurch schuldig gemacht, dass sie sich aus ihren jeweiligen wirtschaftlichen oder politischen Interessen heraus nicht entschieden den Mordbrennern in den Weg gestellt haben.

Dies lenkt uns abschließend zur Frage, warum eigentlich der König, der Schutzherr der Juden, und seine Gefolgsleute nicht früher wirkungsvoll eingegriffen haben. Hierfür liegt ein sehr triftiger Grund vor: 1298 war ein Jahr des Thronstreites, es gab zwei gewählte Könige, Adolf von Nassau, der seit 1292 regiert hatte, und Albrecht I., den Sohn des 1291 verstorbenen Königs Rudolf von Habsburg. Sie standen sich am 2. Juli mit ihren Heeren in Göllheim bei Worms gegenüber, in der Schlacht fiel Adolf. Ende Juli wurde Albrecht in Frankfurt am Main nochmals gewählt und Ende August in Aachen gekrönt. Genau in dieser Phase auf dem Höhepunkt des Rintfleisch-Pogroms war die ohnehin schwache Regierungsgewalt also vollständig gelähmt und zahlreiche Adlige, die im Fränkischen für Ordnung hätten sorgen können, fehlten, weil sie in einer entscheidenden militärischen Auseinandersetzung und bei der Neuwahl des Herrschers gebunden waren. Diese Konstellation hat dazu beigetragen, dass Tausende Juden ihr Leben verloren.

Freitag, der 13. – ein Unglückstag für alle Zeiten? Die Gefangennahme der Templer in Frankreich (1307)

Wir bedenken den schlechten Ruf der Templer, den Verdacht, die allgemeine Rede und alles andere, was gegen sie vorliegt, weiter die obskure und heimliche Aufnahme der Brüder in den Orden, den Unterschied in Umgang, Lebensweise und Sitten vieler Brüder gegenüber den anderen Christen und vor allem die Tatsache, dass sie die Neulinge bei der Aufnahme das Bekenntnis und den Schwur ablegen lassen, niemandem etwas von den Aufnahmeriten zu offenbaren und auch den Orden nicht zu verlassen, was ganz offenkundig gegen sie spricht. Darüber hinaus müssen wir den schweren Skandal beachten, den dieser Orden hervorgerufen hat und der anscheinend nicht mehr zu beseitigen ist, solange der Orden bestehen bleibt, sodann die Gefahren für den Glauben und die Seelen sowie die schrecklichen Taten vieler Ordensbrüder. Die römische Kirche hat bereits andere Orden aus viel unbedeutenderen Gründen, sogar auch ohne Verschulden der Brüder aufgelöst. Nicht ohne Bitterkeit und Schmerz in der Seele, nicht aufgrund eines endgültigen Urteilsspruches, sondern durch vorsorgende apostolische Verfügung heben wir daher den Templerorden, seinen Stand, seine Tracht und seinen Namen mit unwiderruflicher, ewig gültiger Verfügung auf.

Bulle „Vox in excelso" Papst Clemens' V. vom 22. März 1312. Übersetzung aus dem Lateinischen. Originaltext bei Mirbt/Aland, Quellen I, Nr. 749, S. 460.

Was sich in den frühen Morgenstunden des 13. Oktober 1307, eines Freitags, abspielte, war eine von langer Hand minutiös geplante Polizeistaatsaktion: Im ganzen Königreich Frankreich wurden die Mitglieder des Ritterordens der Templer gleichzeitig verhaftet. Die geradezu ungeheuerlich klingenden Anschuldigungen: Sie hätten das Kreuz Christi bespuckt, sich homosexuellen Handlungen, der Sodomie, hingegeben, anstelle des offen verleugneten Christus das Abbild eines Dämons angebetet und noch etliche andere Abscheulichkeiten mehr begangen. Sie, die als frommer Außenposten der Kirche im Heiligen Land galten, seien also nichts anderes als Ketzer, Sektierer und Gotteslästerer! Und wie es der Teufel wohl wollte, gestanden viele der vermutlich etwa zweitausend Templer unter der Folter oder deren bloßer Androhung das, was die untersuchenden Polizeibeamten des Königs von Frankreich hören wollten. Sehr schnell schien klar: Hier waren die Richtigen im Netz der staatlichen Verfolgung gefangen, es konnte nur noch um die Vollstreckung der Strafe gehen.

Bei genauerem Hinsehen waren die Dinge allerdings dann doch nicht ganz so eindeutig: Warum hatten staatliche Beamten denn Mitglieder eines Ordens zu verhören, der direkt dem Papst unterstand? Und selbst wenn das Kirchenoberhaupt, seit 1305 der Franzose Clemens V., in einem solchen Verfahren tatsächlich aus dem Spiel blieb, hätte dann nicht zunächst die französische Inquisition die Vorwürfe untersuchen müssen, bevor Amtsträger des Königs sich der Sache annahmen? Und merkwürdig muten natürlich die Anklagepunkte als solche an, die heutige Leser als geradezu absurd empfinden mögen, selbst wenn wir die bisweilen fremd wirkenden Rechtsgrundsätze des Mittelalters in Rechnung stellen. War hier nicht vielleicht etwas so konstruiert worden, dass es bestimmten Interessen diente?

Doch bevor wir uns in die Niederungen der französischen Politik jener Zeit begeben und uns mit einem Prozess beschäftigen, der seit jeher Abscheu hervorgerufen hat, drängt sich die Frage auf, wer denn die Templer waren. Dieser Orden mit dem geheimnisvollen Namen entstand um 1119, also in der Zeit der Kreuzzüge, als einige Ritter sich zusammenschlossen, um Pilger auf der gefährlichen Reise ins Heilige Land zu schützen. Wenige Jahre später schenkte ihnen der Kreuzfahrerkönig Balduin II. in Jerusalem einen Teil des Palastes, auf dessen Grund in biblischer Zeit der jüdische, von König Salomo erbaute Tempel gestanden hatte, daher auch ihr exakter Name: „Arme Ritterschaft Christi und des salomonischen Tempels“. 1128 erhielt der Orden die volle kirchliche Anerkennung, er schuf sich eine Regel, die Bernhard von Clairvaux als führender Theologe der Zeit direkt beeinflusste und die von strenger Askese geprägt war. Zu seinem Kennzeichen wurde der Mantel mit dem roten Kreuz auf weißem Grund. Die Mönchsritter errichteten in West- und Mitteleuropa ein dichtes Netz von Dependancen. Sie erlangten den Sonderstatus, sich als allein dem Papst unterworfene Organisation keinen weltlichen Ansprüchen beugen zu müssen, und bald eilte ihnen auch der Ruf einer militärischen Elitetruppe voraus. Seeräuber machten um ihre Schiffe einen großen Bogen, weil sie wussten, dass ein Überfall meist schreckliche Folgen für sie haben würde. So umgaben sich die Templer mehr und mehr mit einer Aura des Mysteriösen und der Unbesiegbarkeit, die noch dadurch gefördert wurde, dass kaum Nachrichten nach außen drangen, denn die Brüder waren zu absoluter Verschwiegenheit verpflichtet. Das Bild des fest verschworenen, unangreifbaren Bundes, das die Templer sorgfältig gepflegt haben, hat natürlich bereits damals die Phantasie der Zeitgenossen angeregt und übt bis heute eine beträchtliche Faszination aus. Und es kommt noch ein weiterer Aspekt hinzu: Wenngleich der einzelne Ritter beim Eintritt Armut gelobt und sich daran auch zu halten hatte, häuften die Tempelherren für den Orden mit Geldgeschäften große Reichtümer an. Geradezu unermessliche Reichtümer. Und hier sind wir bei dem Umstand, der ihnen, in Verbindung mit einer ihnen eigenen stolzen Überheblichkeit, das Genick brechen sollte.

Was die französischen Könige in den rund zwei Jahrhunderten zuvor geformt hatten, gehörte zu den fortschrittlichsten Staatsmodellen jener Zeit. Philipp IV., der Schöne, Enkel des großen, heiligen Ludwig und seit 1285 an der Macht, verstand es, die Verwaltung und Rechtsprechung seines Reiches effektiv zu reorganisieren und damit den Weg zum modernen Staat zu ebnen. Er nahm ebenso rücksichtslos wie erfolgreich den Kampf mit dem Papsttum auf – und schaffte es überdies, Geld an sich zu ziehen. Die Mittel, die er dabei anwandte, kann man als nicht gerade vornehm bezeichnen, denn wegen diverser Minderungen des Edelmetallgehaltes seiner Münzen hatte ihn schon Bonifaz VIII., der Vorvorgänger des bereits erwähnten Papstes Clemens V. und Erzfeind Philipps, einen Falschmünzerkönig geheißen. Zudem erleichterte er wohlhabende Juden wie auch lombardische Bankiers in seinem Reich rüde um ihr Vermögen. Die straffe Verwaltungsmaschinerie erfasste alle im Laufe der Zeit eroberten Regionen des Königreiches, sodass man in Frankreich um das Jahr 1300 bereits frühabsolutistische Züge, ein vornationales Bewusstsein bei den Herrschenden und ein vergleichsweise geeintes Staatsgebiet erkennen kann – eine Besonderheit im Mittelalter, dessen Verhältnisse ja häufig von territorialer Zersplitterung geprägt waren. In der heftigen Auseinandersetzung mit ebenjenem Bonifaz VIII. hatte Philipp 1302 sogar erstmals die Generalstände seines Landes einberufen, um sie gegen die Kirche und ihr Oberhaupt aufzubieten.

Auf diesen gerissenen und skrupellosen Gegner trafen also die Templer, als an westeuropäischen Höfen gezielt Gerüchte lanciert wurden, sie seien doch nicht so fromm, wie es den Anschein hatte. In Paris fanden derlei Stimmen nur zu offene Ohren, glaubte doch der König, noch eine Rechnung mit ihnen begleichen zu müssen: Als er sich einmal vor dem Zorn des Volkes in ihren Schutz in den „Tempel" in Paris, den befestigten Sitz des Ordens, begeben musste, ließen sie ihn, den fast Mittellosen, deutlich spüren, dass sie etwas Besseres waren. Philipps Berater und späterer Kanzler Guillaume de Nogaret griff die Hinweise auf ungewöhnliche Praktiken bei den Templern begierig auf und schmiedete den hinterlistigen Plan ihrer landesweiten Verhaftung. Für den Fall, dass Papst Clemens V. als Oberherr des Ordens dagegen intervenieren würde, boten sich mehrere Methoden an, um ihn zum Schweigen zu bringen: Die Androhung eines posthumen Ketzerprozesses gegen den 1303 verstorbenen Bonifaz, eine der herrischsten Gestalten, die je auf dem Papstthron saßen, würde kaum ihre Wirkung verfehlen. Und gegen Ketzergeständnisse der Templer unter der Folter hätte Clemens V. sicher keine Argumente zur Hand gehabt. Zudem sollte der französische Großinquisitor Guillaume Imbert, ein enger Vertrauter des Königs, die Aufsicht über das Verfahren für sich beanspruchen und seine Untersuchungsvollmacht kurzerhand an die staatlichen Behörden übertragen. Womit man meinte, der Form Genüge getan zu haben.

Nogarets Kalkül ging auf. Der Papst, ein gutmütiger Mann mit schwächlicher Gesundheit, der klaren Stellungnahmen meist auswich, protestierte zwar mit einer Verzögerung von zwei Wochen, blieb damit aber erfolglos. Wohl berief er sich zu Recht auf das eigene Verfahren, das er aufgrund der umlaufenden Gerüchte bereits einige Wochen zuvor gegen die Templer sogar auf deren eigenen Wunsch eingeleitet hatte, ließ sich jedoch hinhalten. In einer Bulle vom November 1307 legitimierte er schließlich das Vorgehen Frankreichs, belobigte den König für seinen Einsatz gegen die Ketzerei und forderte alle christlichen Potentaten auf, es ihm nachzutun. Das Echo in anderen Ländern war zurückhaltend.

Die französischen Templer blieben in Einzelhaft und vegetierten vor sich hin, etliche starben unter der Folter, wieder andere nahmen sich das Leben, ohne dass sich der Papst vernehmbar zu Wort gemeldet hätte. Die eigene päpstliche Untersuchung schleppte sich zunächst ohne greifbares Ergebnis dahin. Eine Verteidigung der Tempelherren, die ihren Namen auch verdient hätte, kam nicht zustande, denn jedem, der es wagte, sie in Schutz zu nehmen, unterstellten die französischen Behörden Sympathien für die vermeintlichen Häretiker – mit der Folge, dass die Verteidiger selbst in den Fokus der Inquisition geraten wären. Dieses Modell ist sehr typisch für mittelalterliche und frühneuzeitliche Ketzerprozesse und griff auch in anderen Fällen zum großen Schaden der Angeklagten. Und dennoch gab es 1310 zwischenzeitlich ein halbwegs nennenswertes Verfahren gegen den Orden als Ganzen unter der Hoheit des Papstes, in dessen Verlauf etliche Templer ihre alten Geständnisse widerriefen. Aber es endete in einer Katastrophe: Eine Synode unter der Leitung des Erzbischof von Sens, eines engen Verbündeten des Königs, machte den widerspenstigen Templern als Einzelpersonen kurzerhand den Prozess und ließ 54 von ihnen verbrennen.

Für den Herbst 1311 hatte Clemens endlich ein Konzil in Vienne, einer kleinen Stadt südlich von Lyon und auch unweit seiner neuen Residenz Avignon, einberufen, auf dem in der Templerangelegenheit eine Entscheidung fallen sollte. Da die anwesenden Prälaten einer Verurteilung des Ordens zunehmend kritisch gegenüberstanden, löste Clemens im Frühjahr 1312 die Frage auf Betreiben des Königshauses mit einem Handstreich: Er hob den Orden auf dem Verwaltungswege einfach auf, ohne dass damit ein formales Urteil über die Anschuldigungen gefällt worden wäre. Die französischen Templer blieben auch danach weiter in Haft, sofern sie die Kerkerbedingungen überlebten. Die Krone ließ im Gegenzug die Drohung eines Ketzerprozesses gegen den toten Bonifaz VIII. fallen.

Der Großmeister des Ordens, Jacques de Molay, der sich unter Druck zunächst dazu herbeigelassen hatte, wie viele andere auch ein Geständnis abzulegen und die Vorwürfe wenigstens teilweise zu bestätigen, nahm im März 1314 sein Herz in beide Hände: Im Wissen, dass dies seinen sicheren Feuertod als verstockter Ketzer bedeuten würde, widerrief er sein Geständnis. Am 18. März 1314 wurde er deswegen gemeinsam mit dem Großpräzeptor der Normandie, Geoffroy de Charnay, auf einer kleinen Seineinsel verbrannt. „Schmach und Schande! Unschuldige seht ihr hier sterben! Schande über euch alle! Gott wird euch richten!" – Dass Jacques de Molay kurz vor seinem Tod seine Henker mit diesen wütenden Worten verflucht haben soll, wie uns das der Romancier Maurice Druon in seinem großartigen Buch „Die unseligen Könige" ausmalt, ist allerdings literarische Fiktion.

Mit dem grauenhaften Tod dieser beiden führenden Tempelritter nahm im Übrigen das ein Ende, was an einem Freitag, den 13., seinen Ausgang genommen hatte. Sollte dieser Tag seinen sprichwörtlichen Ruf als Unglückstag tatsächlich den Ereignissen im Oktober 1307 verdanken (woran erhebliche Zweifel bestehen), so ist uns das Bewusstsein für die Tragweite des Malheurs mit Sicherheit abhandengekommen.

Nach dem Motiv des Prozesses braucht man nicht lange zu suchen: Bereits im Zuge der Verhaftungswelle 1307 wurde das riesige Vermögen der Tempelritter in Frankreich konfisziert, mit der offiziellen Begründung, es bis zur Klärung der Vorwürfe kommissarisch verwalten zu wollen. Bald nahmen aber verschiedene ruhende Bauvorhaben der Krone, darunter das Schloss und der Kapellenkranz im Chorumgang der Kathedrale Notre-Dame, ihren plötzlichen Fortgang. Auch die Qualität der Münzlegierungen stieg wieder deutlich an. Das Templerschloss in Paris übernahm niemand anderes als der König selbst. In Vienne schlug Clemens V. die verbliebenen Güter der Templer den Johannitern zu, einem anderen, häufig mit den Templern konkurrierenden Ritterorden. In Frankreich blieb das Vermögen jedoch überwiegend beim König und in anderen Ländern zog es sich teilweise sehr lange hin, bis die Johanniter ihren Anteil auch tatsächlich bekamen – wenn überhaupt. Geld scheint also das Hauptmotiv für das Verbrechen an den Templern zu sein. Nebenbei ließ sich damit das Papsttum zutiefst demütigen.

Die heutige Geschichtswissenschaft ist sich weitgehend darin einig, dass das, was mit dem Orden geschah, auch dem Recht des 14. Jahrhunderts Hohn sprach. Insofern haben wir es hier genau betrachtet nicht mit dem Kriminalfall der Templer zu tun, sondern mit einem Justizmord (Andreas Beck), den der französische König und seine Mittäter in höchsten Staats- und Kirchenämtern begingen. Dazu kann man im Grunde auch einen Papst rechnen, der sich nie dazu aufgerafft hat, klar Stellung dagegen zu beziehen, sondern seine Templer ihren Feinden ans Messer geliefert hat. Ihm waren seine Sicherheit, seine Einflusssphäre und das Andenken seines Vorgängers wichtiger. Sowohl die Anschuldigungen als auch die Methoden, die bei all dem zum Einsatz kamen, mögen wohl überwiegend noch mittelalterlich sein, aber die Konsequenz und schneidende Schärfe des Vorgehens weisen schon sehr auf das voraus, was sich in der Neuzeit, insbesondere im 20. Jahrhundert, zum Charakteristikum diktatorischer Repression ausbildete.

Selbst wenn diese Tat juristisch ungesühnt geblieben ist und sich die römische Kirche bis heute auf die Aufhebung des Templerordens durch Clemens V. beruft, so hat die Sache den Beteiligten dennoch kein anhaltendes Glück gebracht: Wenige Wochen nach der Hinrichtung des Großmeisters starb der Papst, vermutlich an Krebs. Nicht nur in der Templerfrage fällt die Bilanz seines Pontifikates verheerend aus – er war es auch, der die Residenz der Nachfolger Petri nach Avignon in den französischen Einflussbereich verlegte. Noch im selben Jahr 1314 ereilte auch Philipp den Schönen sein Schicksal; er stürzte mit gerade einmal 46 Jahren auf der Jagd vom Pferd und erlag nach wochenlangem Todeskampf seinen Verletzungen. Zeitgenossen sahen darin erschaudernd die Hand Gottes für das Verbrechen an den Templern Rache nehmen. Und das Unheil nahm weiter seinen Lauf: Die drei Söhne Philipps, die nacheinander an die Herrschaft gelangten, starben alle sehr früh und hinterließen keine überlebenden männlichen Nachkommen. Ihre Frauen waren alle drei noch von Philipp wegen angeblichen Ehebruchs in den Kerker geworfen worden – zwei von ihnen sahen die Freiheit nicht mehr wieder. So endete die direkte Königslinie des Geschlechts der Kapetinger nach Jahrhunderten an der Macht. Wer zurückblieb, waren Philipps Bruder Karl von Valois mit seinen Söhnen und Philipps Tochter Isabella, die Edward II. von England geheiratet hatte und deren Sohn später Ansprüche auf den französischen Thron geltend machte. Karls Nebenlinie der Valois sollte zwar für die kommenden knapp drei Jahrhunderte die Könige in Frankreich stellen, aber erkauft um einen hohen Preis: den Hundertjährigen Krieg mit England, der durch eben diese Rivalität um die Herrschaft in Paris ausgelöst wurde. Und Isabella war keineswegs die gütige Frau, die sich treu um ihre Familie sorgte, sondern sie hatte etwas von der eisigen Rücksichtslosigkeit ihres Vaters geerbt. Doch das ist bereits Thema des folgenden Kapitels dieses Buches.

Adelsfronde und Ehekrieg: Der Mord an König Edward II. von England (1327)

Liebste und mächtigste Herrin, [...] ich flehe Euch als meine Herrin an, ich ermahne Euch als meine Tochter, zu unserem Herrn König, Eurem Ehemann, zurückzukehren und den Streit beizulegen. Wenn Ihr schon für die Sache des Friedens weggegangen seid, so zögert um des Friedens willen nicht zurückzukommen! Denn die Bewohner unseres Landes fürchten, dass ihnen viel Unheil zustößt, da Ihr Eure Rückkehr ablehnt. Sie fürchten, dass Fremde landen und ihre Güter plündern [...]. Es ist unmöglich, dass die Unschuldigen nicht zugleich mit den Schuldigen leiden und dass die Unschuldigen, die nichts gestohlen haben, die Schuld abbezahlen. Wenn sich, ach, alles so entwickelt, dann geschieht es uns, dass wir, welch Schmerz, als Stiefmutter wahrnehmen müssen, die wir uns als Schutzherrin erhofft haben. Oh weh, Klerus und Volk stöhnen häufig mit klagender Stimme auf in der Furcht, dass sie und ihr Hab und Gut durch den Hass auf einen Menschen zerstört werden. Daher, königliche Herrin, nehmt weisen Rat an und schiebt es nicht weiter auf, zu Eurem Mann zurückzukehren. Denn Eure ersehnte Ankunft wird die Übeltaten der Menschen hemmen und alle Gelegenheiten zum Bösen verhindern.

Brief der englischen Bischöfe aus dem Jahr 1325 an ihre Königin Isabella, die sich mit dem Thronfolger in Frankreich aufhielt, mit der dringenden Bitte, zu ihrem Mann Edward II. nach London zurückzukehren. Sie lehnte dies grundsätzlich wegen der Rolle ab, die ein Günstling am Hofe ihres Mannes spielte. Im Jahr darauf kehrte sie tatsächlich zurück, setzte dann allerdings die Absetzung des Königs durch. Auszug aus der anonymen Vita Edwards II. Übersetzung aus dem Lateinischen. Originaltext mit englischer Übersetzung in Vita Edwardi Secundi, S. 244–247.

Nein, ein guter Ruf wurde König Edward II. von England nie zuteil, weder zu seinen Lebzeiten noch nach seinem Tode. Die moderne Geschichtswissenschaft ist sich weitgehend darin einig, dass wir es hier mit einer außerordentlich ungeschickt, ja unklug agierenden Gestalt zu tun haben, die zudem ein sehr unglückliches Ende gefunden hat: Edward wurde nämlich ermordet. Aller Wahrscheinlichkeit nach grausam ermordet. Und wenn wir weiter berücksichtigen, dass seine Frau Isabella, eine französische Königstochter, der die Nachwelt den Beinamen „Wölfin von Frankreich" gab, dabei eine bedeutende Rolle gespielt hat, so liegt der Schluss nahe, dass im Leben des Ärmsten einiges eklatant schiefgelaufen sein muss. Hinzu kommt, und das macht den Fall ebenso bemerkenswert wie pikant, dass ihm notorisch homosexuelle Neigungen nachgesagt wurden und er Günstlinge um sich scharte, die außer ihm nur wenige Zeitgenossen mochten.

Geboren 1284, war er als vierter Sohn seines Vaters Edward I. eigentlich nicht dazu ausersehen, Regierungsgewalt auszuüben. Der frühe Tod seiner Brüder hatte ihn in diese Position gerückt, als es 1307 um die Nachfolge seines Vaters ging, der auf einem Feldzug gegen die Schotten gestorben war. Die Interessen des Sohnes galten weit mehr der Literatur und dem Theater als Ritterspielen und Kriegführung, er fügte sich also in verschiedener Hinsicht nicht in das Bild ein, das sich die Epoche von einem König machte. Schon in den letzten Jahren des alten Edward stand er in einer engen Freundschaft mit dem jungen Ritter Piers Gaveston aus der Gascogne, einem Gebiet in Südwestfrankreich, das verwickelte Begebenheiten in alter Zeit den Engländern in die Hände gespielt hatten. Man munkelte unter vorgehaltener Hand, dass es mit dieser Freundschaft doch etwas Besonderes sei, ja dass es sich dabei um eine sündhafte Liebe handele. Homosexualität bedeutete im Mittelalter einen schweren Makel, der die Betroffenen als besessen von Leidenschaften wider Gott und die Natur aus der sozialen Gemeinschaft ausschloss. Im Spätmittelalter stand auf homosexuelle Handlungen ähnlich wie auf Ketzerei sehr häufig der Tod durch Verbrennen. Zwar liegen keine handfesten Beweise für die Homo- oder Bisexualität des Königs vor, aber es gab immerhin sehr starke Vermutungen, die ihn seine ganze Herrschaftszeit hindurch begleiteten und die auch seine vier Kinder mit Isabella nicht zerstreuten. Edward I. hatte noch 1307 dafür gesorgt, dass der verdächtige junge Mann aus dem Blickfeld seines Sohnes verschwand, und ihn ins Ausland verbannt. Einer der ersten Schritte Edwards II. nach Antritt seiner Regierung war, ihn zurückzuholen. Und auch sonst schürte der neue König aus dem Hause Plantagenet in seinem Umfeld das Misstrauen gegen die Nähe Gavestons: Er überschüttete ihn mit Ämtern und Ehren, ja setzte ihn als Regenten ein, als er 1308 aufs Festland reiste, um Isabella, einzige Tochter Philipps des Schönen von Frankreich, zu heiraten. Während der Krönung in Westminster einige Wochen später fühlte sich die Königin wegen der herausragenden Rolle, die der Ritter bei der Zeremonie und auf dem Bankett spielte, in unschicklicher Weise zurückgesetzt. Zeigte sich hier schon, dass er die Ehe nur wegen gesellschaftlicher Konventionen eingegangen war, aber sein Herz in Wirklichkeit einem gleichgeschlechtlichen Partner gehörte? Dieses Auftreten brüskierte das höfische Umfeld jedenfalls zutiefst und so kam es zu Auseinandersetzungen mit den führenden Baronen des Landes. Zumal sich Gaveston wiederholt äußerst herablassend ihnen gegenüber gezeigt haben soll. Im Kern ging es gar nicht einmal so sehr um die Person des Günstlings, vielmehr strebten die Adligen danach, die Herrschaft mitzugestalten und den König an ihr Votum zu binden. Entwicklungen hin zu einer modernen und effektiven Verwaltung, die bereits der alte Edward eingeleitet hatte und die zulasten des Einflusses der Barone gingen, sollten nun rückgängig gemacht werden. Für diese schweren und langwierigen Kämpfe um die innere Konstitution des Königreiches, die nun folgten, war der kecke Parvenü nur ein idealer Anlass. Dieser fand sich zwar bald erneut im Exil in Irland wieder, kehrte jedoch von dort bereits 1309 zurück. 1310 gingen die Barone im Parlament, einer Ständevertretung der führenden Adligen und Geistlichen des Landes, zum Frontalangriff auf Edward über: Eine Kommission mit 21 Mitgliedern, sogenannten Lord Ordainers, sollte Reformen oder genauer Anordnungen, Ordinances, erarbeiten. Was sie im Jahr danach vorlegte, war ein sehr beachtlicher Versuch, die Königsmacht zurechtzustutzen: Bei künftigen Personalentscheidungen hatte Edward ebenso die Zustimmung des Parlamentes einzuholen wie beispielsweise bei der Gestaltung der Steuer- und Finanzpolitik. Auch Auslandsaufenthalte und Kriegsentscheidungen des Königs bedurften der Genehmigung. Und natürlich: Gaveston musste die Insel für immer verlassen. Man könnte denken, dass das englische Parlament geradezu neuzeitliche Tendenzen der Kontrolle von Etat und Gesetzgebung verfolgte (was in späteren Jahrhunderten sicherlich der Fall war), aber hier ging es um einen handfesten Machtkampf zwischen Baronen und Krone. Die Adligen verfolgten das Ziel, Trends zu mehr Staatlichkeit zu stoppen und überkommene feudale Zustände wieder herbeizuführen. Ein Mann wie Thomas von Lancaster, dem fünf Grafschaften in Nordengland mit riesigen Ländereien gehörten, strebte danach, den König möglichst klein zu halten und darüber seine eigene Position zu stärken. Darum war auch vor allem er es, der ein Exempel statuierte, als Gaveston es erneut wagte, sich auf der Insel sehen zu lassen. Ein Bündnis von Baronen brachte dem königlichen Favoriten 1312 eine Niederlage auf dem Schlachtfeld bei und belagerte seine Burg Scarborough. Obwohl Gaveston sich gegen das beeidete Versprechen der körperlichen Unversehrtheit ergab, machten einige Barone kurzen Prozess mit ihm und ließen ihn enthaupten. An ihrer Spitze stand ebenjener Lancaster, der mit dieser Untat den tödlichen Hass des Königs und scharfe Kritik gemäßigter Magnaten provozierte. Im Herbst 1313 musste sich die für den Mord verantwortliche Gruppe dem König unterwerfen und erlangte Gnade, vordergründig zumindest.

Edward brauchte lange, um den bitteren Verlust zu verarbeiten; nicht einmal die Geburt seines ersten Sohnes und Thronfolgers Edward III. im Herbst 1312 hellte sein Gemüt auf. Und bald danach musste er eine weitere schwere Niederlage einstecken, die ihm zudem neuen Ärger mit den Baronen einbrachte: Die Auseinandersetzung mit den Schotten, in die schon der Vater verwickelt war, schwelte über die Jahre weiter und provozierte 1314 einen Feldzug Edwards in den Norden. Um eine Genehmigung der Ordainers bemühte er sich nicht. Als das weit kleinere schottische Heer seine sonstige Guerillataktik ausnahmsweise aufgab und sich bei Bannockburn einer offenen Feldschlacht stellte, musste Edward erkennen, dass seine taktischen Fähigkeiten als Feldherr durchaus noch zu wünschen übrig ließen. Seine Truppen wurden entsetzlich dezimiert, während er überstürzt floh und sich über See in Sicherheit brachte. Die Schotten legten mit diesem Erfolg den Grundstein für ihre Unabhängigkeit in den nächsten drei Jahrhunderten. Die Parlamentssitzung in London im Januar 1316 wurde entsprechend unangenehm und nötigte ihn zu einem großen Austausch seines Personals in Verwaltung und Rechtswesen, das vorerst weitgehend den Vorstellungen seiner Gegner entsprach. Zudem stellte man ihm einen Rat unter Führung Lancasters zur Seite, der seine Schritte überwachen sollte. Da Lancaster wegen seiner Machtgier bei den anderen Großen jedoch selbst in der Kritik stand, entstand eine Pattsituation über geraume Zeit hinweg. Ausbaden musste diesen destruktiven Machtkampf das Volk, das Mitte des Jahrzehnts von schweren Missernten und Hungersnöten betroffen war, ohne dass wirksame Unterstützung von der Regierung gekommen wäre. Währenddessen ergötzte sich Edward an den Annehmlichkeiten des Hoflebens.

In diesen Jahren rückten zwei neue Gestalten in das engste Umfeld Edwards auf, die bis zu seinem Tod die politische Bühne dominieren sollten und verbreitete Abneigung hervorriefen: die Adligen Hugh Despenser Vater und Sohn. Dass der König eine sexuelle Beziehung mit dem Jüngeren führte, ist nicht nachweisbar, wurde jedoch immer wieder vermutet. Ein Indiz dafür könnte sein, dass Isabella ihn abgrundtief verabscheute und sich später, wie bereits angedeutet, weigerte, nach England zurückzukehren, solange er nicht entmachtet sei. Es ist jedoch auch nicht völlig ausgeschlossen, dass die Propaganda seiner Feinde dieses Bild eines in den Augen der Zeitgenossen degenerierten Herrschers mitgeprägt hat, um ihn zu verunglimpfen – daher bleibt trotz der offenkundig eindeutigen Überlieferung ein Rest von Skepsis gegenüber den Gerüchten angebracht.

Beide Despensers waren jedenfalls schon länger treue Gefolgsleute Edwards gewesen und gehörten einem Kreis von gemäßigten Baronen an, die ein Gegengewicht gegen die Radikalen um den Grafen Thomas von Lancaster bildeten. Als integrativste Persönlichkeit dieser herrschertreuen Allianz galt der Graf von Pembroke, der bis zu seinem Tod 1324 in verschiedenen Konfliktsituationen immer wieder mäßigend eingriff. Dennoch konnte auch er nicht verhindern, dass die Despensers ihre Königsnähe schamlos zu ihrem Vorteil ausnutzten und immer mehr Ämter und Güter aufhäuften. Besonders viel Hass provozierte der Ausbau ihrer Stellung in Wales und dem Grenzgebiet der Walisischen Marken, wo sie rücksichtslos angestammte Vorrechte anderer ignorierten. Im Jahr 1321 bildete sich eine Koalition aus der Königin, dem Erzbischof von Canterbury als höchstem Kirchenvertreter in England, der Stadt London und natürlich der Opposition der Barone, die dem Treiben nicht mehr länger zuschauen wollte und die Verbannung der Despensers durchsetzte. Das wiederum ließ Edward nicht unwidersprochen – er sammelte seine ihm ergebenen Kräfte um sich und nahm eine militärische Konfrontation in Kauf, zu der es im März 1322 bei Boroughbridge in der Grafschaft Yorkshire dann auch kam. Der Plantagenet ging als klarer Sieger daraus hervor – und nun war endlich die Stunde der Abrechnung für den Mord an Gaveston gekommen! Der aufsässige Lancaster musste wie weitere Feinde alsbald daran glauben, er wurde ohne Verfahren enthauptet, während andere Parteigänger, unter ihnen Roger Mortimer, im Tower schmachteten. Zudem wurden die Güter der Opponenten wegen Verrats enteignet und an loyale Große neu ausgegeben, zu bedeutenden Teilen jedoch auch dem Krongut zugeschlagen. Was Edward von den Ordinances hielt, trat jetzt auch überdeutlich zu Tage: Er erließ schon wenige Wochen später das Statut von York, wonach der König einen unbedingten Vorrang bei allen Entscheidungen in seinem Reich genoss. Das Parlament, das nun um die Commons, die Stadtbürger, erweitert wurde, hatte niemand anderer außer ihm einzuberufen und seine Beschlüsse galten nur im Konsens mit dem Herrscher. Bei dieser Gelegenheit ließ sich auch erneut das Personal in Verwaltung und Rechtsprechung austauschen, diesmal selbstverständlich wieder im Sinne des Königs.

Da die blutige Rache an Lancaster und die fortgesetzte Günstlingswirtschaft der Despensers die Stimmung zusätzlich aufheizten, fand das Land keinen Frieden, ja schlingerte weiter in einen Bürgerkrieg hinein. Die Opposition gab sich keineswegs geschlagen, sondern sammelte ihre Köpfe am Hof von Isabellas Bruder, dem französischen König Karl IV. Dazu gesellte sich auch bald der erwähnte Roger Mortimer, dem es gelungen war, aus dem Tower zu fliehen. Seiner eigenen Frau hatte Edward zuerst ihre Güter entzogen, sie dann aber damit beauftragt, in einer kniffligen und einigen Zündstoff bergenden Streitfrage mit dem Pariser Hof zu schlichten. Zur Debatte stand das Problem, wer in der englischen Gascogne in Südwestfrankreich welchen Einfluss ausüben durfte; man einigte sich endlich darauf, einen neuen Lehensvertrag zu schließen, der eine persönliche Huldigung Edwards erfordert hätte. Um sich allerdings wegen der Gefahr eines Umsturzes im Lande die Reise über den Ärmelkanal zu ersparen, entschloss er sich, dafür seinen damals zwölfjährigen Thronfolger zu entsenden. Dies erwies sich im Nachhinein als schwerer Fehler, denn nach Abschluss des Vertrages 1325 weigerten sich Isabella und der Prinz, nach England zurückzukehren, wenn nicht die Despensers in die Schranken gewiesen würden. Dies lehnte Edward ab, aber nun zog sich allmählich eine

Schlinge um ihn zusammen. Die „Wölfin von Frankreich" ging ein Liebesverhältnis mit Mortimer ein und verlobte ihren Sohn mit einer Tochter des Grafen von Hennegau, Holland und Seeland, Wilhelm, der ihr im Gegenzug Truppenkontingente zur Verfügung stellte. Im September 1326 glückte die Landung auf der Insel, aber nicht im Sinne der englischen Bischöfe, die die Königin in gleichlautenden Briefen dringend ersucht hatten, zurückzukehren und sich mit ihrem Gemahl zu versöhnen. Isabella, Mortimer und die anderen Oppositionellen wollten das Ende der verhassten Günstlingsherrschaft – zunächst. Der große Zulauf, den sie wegen des Schreckensregiments Edwards und der Despensers im Lande erhielten, machte ihnen bald auch deutlich mehr möglich: den Griff nach der Macht! Im November geriet der isolierte König nach einer längeren Flucht durch England und Wales in Gefangenschaft. Einige seiner Begleiter, darunter auch der jüngere Despenser, wurden schwer gedemütigt und hingerichtet, andere, wie den älteren Despenser, hatte bereits zuvor ihr Schicksal ereilt. Auf Druck vonseiten des Parlamentes, der Kirche und einer bunten Delegation aus verschiedenen Volksvertretern willigte Edward schließlich in seine Abdankung zugunsten seines noch minderjährigen Sohnes ein, den die Stände daraufhin als Edward III. vereidigten. Der Sturz eines Königs war jedoch rechtlich durchaus angreifbar und das Prozedere in keiner Weise geklärt, da es seit 1066, seit der Eroberung Englands durch die Normannen, keinen Fall der Königsabsetzung oder -abdankung gegeben hatte. Um letzte Zweifel zu beseitigen und um nach zwei gescheiterten Befreiungsversuchen weitere Aktionen dieser Art zu verhindern, wurde Edward II. in der Gefangenschaft ermordet. Die Umstände seines Todes, der vermutlich von Isabella und Mortimer angeordnet wurde, sind nicht vollständig geklärt. Man hatte in Anspielung auf homosexuelle Praktiken angeblich eine bestialische Tötungsart für ihn gewählt: Seine Peiniger stießen ihm einen rotglühenden Eisenstab durch ein in den Anus geschobenes Kuhhorn oder eine Trompete in den Körper. Wenn diese Überlieferung der Wahrheit entspricht, haben seine Feinde auf die Weise ebenso Rache für den Tod Lancasters und die jahrelange Günstlingswirtschaft genommen wie auch ein Höchstmaß an Hass und Verachtung gegenüber den sexuellen Neigungen des Mannes erkennen lassen. Dazu passt, dass Hugh Despenser dem Jüngeren vor seiner Tötung die Genitalien abgeschnitten worden sein sollen.

Edward II. starb am 21. September 1327 auf Berkeley Castle in der südwestenglischen Grafschaft Gloucestershire. Da die Leiche einen unversehrten Eindruck machte, wurde diese Gewalttat nach außen hin als natürlicher Tod deklariert und blieb ungesühnt, weil die eigentlichen Täter sich der Strafe durch Flucht entziehen konnten. Immerhin löste sich der junge Edward 1330 aus der Regentschaft seiner Mutter und Mortimers – sie ließ er vom Hof verbannen und ihn als Verräter im Tower hinrichten. Dennoch: Ein glückliches Herrscherleben sieht wahrlich anders aus.

Kaiserlicher Diebstahl oder erzwungene Schenkung? – Karl IV. und die Reliquien (Mitte des 14. Jahrhunderts)

Im Jahr 1353 drang Karl, römischer und böhmischer König, in der Stadt Prag ins Klarissennonnenkloster ein, das dem Heiligen Nikolaus geweiht war. Unter all den Reliquien von Heiligen gab es einen Finger des Heiligen Nikolaus, den der Papst Agnes, der Tochter König Wenzels [gemeint ist Ottokar I. Přemysl], zur Gründung des Klosters geschenkt hatte. Und König Karl ergriff ein Messerchen und schnitt ein Stück dieses Fingers ab, weil er aus Verehrung jenes zu behalten wünschte. Und als er auf das Messerchen hinunterblickte, sah er auf jenem uralten Stück eine Spur wie von frischem Blut und ließ davon ab, heftig erschrocken über dieses große Wunder. Nach einigen Tagen aber kehrte der zu Hilfe gerufene Erzbischof Ernst von Prag dorthin zurück und setze den abgeschnittenen Teil aus Furcht und Ehrerbietung wieder an seinen Platz, der daraufhin so fest anwuchs, als ob er nie abgetrennt gewesen sei. Aber eine kleine Narbe ist auf dem Finger von dem erwähnten Schnitt zurückgeblieben.

Aus dem Lateinischen ins Hochdeutsche übersetzt nach der Chronik des Beneš Krabice von Weitmühl, S. 521.

Beneš Krabice von Weitmühl, ein böhmischer Chronist und Gelehrter am Hof König Karls IV., hatte seinen Herrscher dabei beobachtet, wie er versuchte, eine Reliquie, ein Stückchen vom Finger des Heiligen Nikolaus, an sich zu nehmen. Aber dass sein König eigenhändig etwas stahl, schien Beneš nicht im Mindesten zu beunruhigen, sondern das Besondere an dieser Begebenheit war für ihn, dass sie dabei Zeugen eines Wunders wurden: Erst begann der Finger nach dem Schnitt zu bluten und später wuchs er bis auf eine kleine Narbe wieder zusammen. Karl war anschließend so begeistert von dem wundersamen Ereignis, dass er es in der Nikolauskapelle sofort malerisch festhalten ließ.

Dass dem Gelehrten die Vorgehensweise des Monarchen nicht bedenklich vorkam, lag im Wesen Karls IV. und im Zeitgeist des Spätmittelalters begründet: Der Herrscher aus dem Hause Luxemburg galt als zutiefst religiöser Mensch. Seinen Glauben und dessen tägliche Praxis bezeugen zahlreiche Texte, die von ihm selbst oder den Chronisten seiner Zeit verfasst worden sind. In seiner Autobiographie erinnert sich der Herrscher daran, wie er als Siebenjähriger an den französischen Königshof kam und noch im selben Jahr konfirmiert wurde; dabei habe er seinen Taufnamen Wenzel abgelegt und zu Ehren seines königlichen Gastgebers dessen Namen Karl angenommen. Diese Jahre in Frankreich sollten wichtige Impulse für die Ausformung seiner Frömmigkeit geben. Karl erreichte mit seinen Studien eine theologische Bildung, die für einen weltlichen Fürsten höchst ungewöhnlich war. Seine Kenntnisse der Heiligen Schrift waren später sogar so gut, dass er falsch vorgelesene oder ausgelassene Passagen aus dem Gedächtnis verbessern konnte. Am französischen Hof machte er sich auch mit der Lektüre des marianischen Stundenbuches vertraut, das den Gebetszyklus der Mönche in für Laien angepasster Form bietet. Ein Leben lang sollte Karl diese religiöse Praxis beibehalten. Darüber hinaus verstand er es sogar, liturgische Feiern zu konzipieren, worin man ein Zeichen von Heiligkeit sah. Da die Könige bei der Krönung mit geweihtem Öl gesalbt wurden, was einer niederen Priesterweihe gleichkam, wurde es zu ihrem Vorrecht, bei der Messe aus der Heiligen Schrift vorzulesen, und Karl IV. nahm dieses Vorrecht stolz wahr. Zu der tiefen Religiosität des Luxemburgers gesellten sich die Zeitumstände des 14. Jahrhunderts: Krieg, Hungersnot, Naturkatastrophen und Seuchen riefen eine enorme Unsicherheit hervor. Besonders der „Schwarze Tod", eine Pestwelle, die sich zwischen 1348 und 1353 fast über ganz Europa ausbreitete und mindestens 20 Millionen Menschen, also etwa einem Drittel der europäischen Bevölkerung das Leben kostete, weckte in den Gläubigen die Vorstellung von einer Gottesstrafe. Aus Sorge um ihr Seelenheil ergriffen die einfachen Leute genauso wie die Adligen die von der Kirche angebotenen Formen des religiösen Lebens, praktizierten Frömmigkeitsübungen wie Gebete und Andachten, begingen ein Vielfaches mehr an kirchlichen Festtagen und bemühten sich um den Schutz sowie die Fürsprache möglichst vieler Heiliger gleichzeitig. So glaubte man, dass von den Reliquien, also den Gebeinen oder einem Teil des persönlichen Besitzes der Heiligen, eine heilende und heiligende Wirkung ausgehe; man sprach ihnen sogar Wundertätigkeit zu, wie das obige Beispiel anschaulich zeigt. Viele Menschen waren fest davon überzeugt, dass die Segensmacht des Verehrten beim Betrachten, Berühren oder sogar Küssen auf den Gläubigen übergehe – der Heilige also zu seinem Schutzherrn werde.

Der Bedarf an Überbleibseln von Heiligen stieg und stieg. Hinzu kam, dass seit dem Konzil von Nicäa 787 jeder katholische Altar eine Reliquie benötigte, um der Weihe überhaupt würdig zu sein. Das führte dazu, dass zu vielen Gegenständen aus den Evangelien eigene Entdeckungsgeschichten in Umlauf kamen. So tauchten plötzlich Dornenkronen, die heilige Lanze, der Essigschwamm und die Nägel, mit denen man Jesus ans Kreuz schlug, als Reliquien auf. Auch Splitter vom heiligen Kreuz waren sehr beliebt, sie wurden nur von Überresten, die von Jesu Körper stammen sollten, übertrumpft. Von ihnen konnte es jedoch nicht so viele geben, da Gottes Sohn leiblich in den Himmel gefahren war. Doch was von ihm geblieben war, Haare, Milchzähne, Fuß- und Fingernägel, war sehr zahlreich. Wie jeder Jude hatte auch Jesus seine Vorhaut bei der rituellen Beschneidung verloren – allein 14 davon erhoben den Anspruch, die echte zu sein.

Der enorme Bedarf an Reliquien machte auch vor den Toten nicht Halt. Gläubige zerfetzten nicht nur das Gewand der Elisabeth von Thüringen, die schon zu Lebzeiten als Heilige galt, sondern nahmen auch ihre Haare, Nägel und einen Finger an sich. Der Kult um sie war so groß, dass ihre Gebeine bei der feierlichen Überführung ihres Leichnams nach Marburg fünf Jahre nach ihrem Tod nicht mehr vollständig waren. Als Reliquien lassen sich ihre Überreste im Besitz verschiedener Adliger und Klöster nachweisen.

Das zeigt, dass es im Spätmittelalter nicht mehr ausreichte, die Gräber der Patrone zu besuchen. Vielmehr begannen Städte und einzelne Personen, insbesondere die Herrscher, Sammlungen wertvoller Reliquien anzulegen, woraus ein regelrechter Markt für Tausch und Handel mit den wundertätigen Kostbarkeiten entstand. Doch wenn man nicht auf legalem Weg in ihren Besitz kommen konnte, wurden sie durchaus auch gestohlen. Solche „furta sacra", heilige Diebstähle, waren dem

Recht nach kriminelle Handlungen und wurden als solche auch mit dem Tod am Galgen geahndet. Unter den aus Kirchen und Klöster entwendeten Dingen, wie beispielsweise wertvollen liturgischen Gerätschaften, galt der Diebstahl des Allerheiligsten, das heißt von Reliquien, als besonders verwerflich. Der dabei erwischte Täter wurde nicht auf der Hinrichtungsstätte vor der Stadtmauer, sondern öffentlich auf dem Marktplatz exekutiert, um alle Bürger an der Sühne für die Beleidigung Gottes teilhaben zu lassen. Doch lassen sich in zahlreichen Quellen Selbstbezichtigungen von Mönchen oder sogar Bischöfen finden. Dass die Diebe keine kleinen, armen Leute waren, sondern Geistliche, bestätigte nur die Echtheit der Gebeine, denn warum sollte sich beispielsweise ein Bischof sonst persönlich die Mühe machen? Doch eine Instanz, die die Straftaten gezielt hätte verfolgen und bestrafen können, gab es zu der Zeit nicht. Die Geschädigten mussten sich selbst helfen und notfalls auch zum Brecheisen greifen, um das heilbringende Gut zurückzubekommen. Wenn das nicht gelang, wurden auch Berichte in die Welt gesetzt, dass sich die entwendete Reliquie gegen die Diebe gewendet und Unglück über sie gebracht hätte.

Wie sich bereits gezeigt hat, schreckte auch König Karl IV., der 1355 die Kaiserwürde empfangen sollte, weder vor dem unmoralischen Aspekt noch vor dem möglichen Grimm der Reliquien zurück. Zu groß war seine religiöse Verehrung, zu groß seine immense Wundergläubigkeit und zu groß seine fast schon krankhaft anmutende Sammelleidenschaft. Der Finger des Heiligen Nikolaus sollte kein Einzelfall bleiben, doch etwas Besonderes war er schon, denn als Erster und Einziger hat er sich gegen den frommen Raub des Luxemburgers zur Wehr gesetzt. Keine andere Reliquie vermochte es so erfolgreich, sich der Begierde des Herrschers zu entziehen.

Da es im römisch-deutschen Reich des Mittelalters keinen festen Herrschersitz, keine Hauptstadt im heutigen Sinne gab, zog der König mit seinem Hof von einem Ort im Reich zum nächsten, um seine Herrschaftsansprüche zu demonstrieren, Hoftage abzuhalten und Recht zu sprechen. Wenn man dazu noch die Besuche an fremden Herrscherhöfen wie beispielsweise dem des französischen Königs hinzunimmt, wird klar, dass sich dem umherziehenden Monarchen viele Sammelgelegenheiten boten: Aus St. Gallen nahm der König 1353 einen Teil des Hauptes des Heiligen Otmar mit sich, aus Haslach bei Straßburg Reliquien des Heiligen Florentinus, aus Andlau die des Heiligen Lazarus und aus Erstein die des Heiligen Urban, aus dem Albanskloster in Mainz Reliquien der beiden Heiligen Alban und Justina, die als Patrone der Stadt galten. Doch all das reichte dem Luxemburger noch nicht! Im folgenden Jahr reiste Karl tief betrübt über den Tod seines Großonkels Balduin, des Erzbischofs von Trier, in dessen Stadt. Doch in die Trauer mischte sich sogleich Freude, denn nun bot sich ihm die Gelegenheit, die Trierer Kirche, die ohne ihren Oberhirten dastand, um die von ihm schon lang ersehnten Reliquien zu erleichtern. Zunächst sägte der König mit eigener Hand ein Drittel vom Kreuzesholz ab, das dort aufbewahrt wurde. Das Werkzeug hatte er in seinem Ärmel versteckt mitgebracht. Auch vergaß der gut informierte Luxemburger jenen Bischofsstab nicht, von dem behauptet wurde, dass er ein Stück des wundertätigen Hirtenstabes des Apostels Petrus sei. Davon sägte nun der König eigenhändig, wie er sich in einem Brief rühmte, ein drei Finger breites Stück ab. Auch die Überreste des angeblichen Trierer Ratsherrn Palmatius und des dort verehrten Heiligen Maternus fanden ihren Weg in den Besitz des Luxemburgers. Doch noch war sein Aufenthalt in Trier nicht beendet: Anschließend stattete er dem Frauenstift St. Irminen ein Besuch ab, nachdem in der Nacht zuvor die Äbtissin gestorben war. Indem er jeder einzelnen Nonne Hoffnungen auf das freigewordene Amt machte, entlockte er ihnen eine vom Klostergründer geschenkte Reliquie, nämlich den Arm mit dem Händchen eines der Unschuldigen Kinder von Bethlehem. Bei seiner Abreise befahl er allen Gebern, strengstes Stillschweigen bis zur Ankunft der Reliquien in Prag bewahren. Vergeblich bot ihm der neu gewählte Erzbischof Boemund große Geldsummen, um mögliches Unheil abzuwenden. Für den Luxemburger zählte allein der Besitz der heilbringenden, wunderwirkenden Reliquien. Welche Nachteile ihr Fehlen dem vormaligen Besitzer bringen konnte, interessierte ihn dagegen wenig. So teilte er dem neuen Erzbischof mit, dass seine königliche Würde diese Reliquien als Heiligenschatz beanspruche. Dem Beraubten blieb nichts anderes übrig, als den Verlust zu ertragen und auf spätere Wiedergutmachung zu hoffen.

Im gleichen Jahr gelang es Karl, aus Einsiedeln den dort verwahrten Schädelteil des heiligen Burgunderkönigs Sigismund mit nach Prag zu bringen. Elf Jahre später folgten dann noch ein weiterer Teil des Schädels sowie die Streitaxt des Heiligen Mauritius nach. Im Herbst 1353 entführte Karl aus Aquileja die letzten zwei Lagen einer angeblich vom Evangelisten persönlich übergebenen Handschrift des Markus-Evangeliums. Der hochgebildete Kaiser versah die Schriftstücke eigenhändig mit einer Echtheitsbeglaubigung. Doch diesmal müssen den Herrscher Gewissensbisse geplagt haben, denn er ließ eine buchstabengetreue Abschrift für die Geschädigten anfertigen. Von seiner Sammelleidenschaft kurierten sie ihn jedoch nicht, denn im Frühling 1355 nahm Karl auf dem Weg zur Kaiserkrönung in Rom Reliquien des Heiligen Veit aus dem Kloster St. Marinus in Pavia mit, von denen er aber drei Jahre später einen Teil an die Stiftskirche St. Veit in Herrieden im Bistum Eichstätt verschenkte. Auf der Heimreise machte der Luxemburger auch in Lucca Halt, wo er einem Altar in der Frigidianuskirche eigenhändig Reliquien des dort beigesetzten Königs Richard von England entnahm. Die Basilika San Piero a Grado bei Pisa war nach dem kaiserlichen Besuch um die Hälfte eines Altartisches ärmer, auf dem der Heilige Petrus nach seiner Ankunft in Italien seine erste Messe gefeiert haben soll.

Die Beispiele für seine Sammelleidenschaft ließen sich noch weiter fortsetzen, schließlich hatte Karl noch über 20 Jahre nach seiner Kaiserkrönung Zeit, ihr zu frönen. Doch soll hierbei nicht der Eindruck entstehen, dass all die Reliquien durch Diebstahl in seinen Besitz gelangt sind. Viele von ihnen hat er ehrlich erworben oder geschenkt bekommen. Davon zeugen nicht nur wertvolle Reliquiengeschenke Papst Urbans, sondern auch eine „Kiste voller Knochen“, die Johannes V. Palaiologos, der Kaiser von Konstantinopel, seinem Amtskollegen nach Prag gesandt hatte. Was der Byzantiner dafür im Gegenzug erhalten hat, wissen wir nicht, aber wahrscheinlich war es das, was er so dringend brauchte: militärische Unterstützung im Kampf gegen seine Feinde; die Türken bedrängten ihn in jener Zeit am heftigsten.

Um in den Besitz von Reliquien zu kommen, hat Karl IV. keine Mittel gescheut – mit Tauschangeboten, Versprechungen, Gold, Geld und sogar Tränen sollten die Besitzer freigiebig gestimmt werden. Wenn alles nichts half, erschien ihm auch Diebstahl als legitimes Mittel. Doch ist es unzureichend, seine Sammelleidenschaft lediglich als Ausdruck privater Frömmigkeit zur Heilsmehrung zu verstehen – das Sammeln, Ausstellen und Weitergeben von Reliquien diente genauso politischen Zwecken. Die begehrten Objekte verschwanden nicht einfach für immer in den kaiserlichen Schatzkammern. Stattdessen wurden die Gebeine der Heiligen an prominente Plätze gebracht, um in neu erbauten Kathedralen und in aufwändig ausgeschmückten Gräbern beigesetzt zu werden. Dort ließen sie die religiöse Bedeutung ihrer neuen Ruhestätte immens wachsen. Der daraufhin einsetzende Strom der Gläubigen brachte gleichzeitig wirtschaftliche Vorteile für den Ort und manchmal auch für die ganze Region mit sich. So lassen sich zahlreiche Beispiele zur Förderung eines Heiligenkultes durch die Weihe neuer Altäre anhand der Quellen belegen. Auf diese Weise hat der Kaiser einen nicht unerheblichen Teil seines heilbringenden Schatzes wieder aus den Händen gegeben, manchmal aus politisch-diplomatischen Gründen, manchmal auch aus reiner Dankbarkeit. Das, was er behielt, wurde in seinen Herrscherresidenzen verwahrt, vor allem in Prag. Kostbarste Reliquiare ließ er anfertigen – nicht nur um die darin eingebetteten Reliquien zu schützen, sondern auch um sie ihrem Wert entsprechend zu präsentieren. Der Kaiser war ein so erfolgreicher Sammler, dass nur Rom seine Residenzstadt Prag hinsichtlich der Reliquienzahl überbieten konnte.

Zum Schluss bleibt noch die Frage: Hat sich die Sammelwut Karls IV. eigentlich nicht herumgesprochen? Natürlich hat sie das, schließlich haben auch die kaiserlichen Chronisten kein Geheimnis daraus gemacht, wie die eingangs zitierte Quelle zeigt. Das Wissen um die Begehrlichkeiten des Luxemburgers führte letztlich dazu, dass viele Städte und Klöster kurzerhand ihre Reliquien versteckten, wenn der Besuch des Kaisers bevorstand.

Urkundenfälschung: Die Herzöge von Österreich und das sogenannte Privilegium maius (1358/59)

Fälschungen hat es zu jeder Zeit gegeben und wird es wohl auch immer geben. Da war das Mittelalter keine Ausnahme, mitunter wird es sogar als Fälscherzeitalter bezeichnet. Gefälscht wurden nicht nur Münzen – ein Verbrechen, auf das die Todesstrafe durch Sieden in heißem Öl stand –, sondern auch Kunstgegenstände und Reliquien, deren Wert und große Bedeutung das vorangegangene Kapitel bereits beleuchtet hat. Doch eines der häufigsten Fälscherobjekte im Mittelalter war die Urkunde. In diesen Dokumenten wurden vor allem Vorgänge rechtlicher Natur festgehalten – beispielsweise erhielt ein Kloster nicht nur seine bisherigen Rechte bestätigt, sondern zusätzlich auch das Privileg, im nahe gelegenen See zu fischen, ein Adliger durfte nun ein neues Wappen tragen, eine Stadt eine Stadtmauer errichten oder man vereinbarte die spätere Hochzeit der Kinder. Die Person, die hiermit ihren Rechtswillen zum Ausdruck brachte, war der Aussteller der Urkunde; dabei konnte es sich beispielsweise um den Kaiser oder König, um Territorialfürsten, um Päpste, Bischöfe oder andere Geistliche, um Klöster oder Städte handeln. Der Aussteller schrieb die Urkunde meistens nicht selbst, sondern diktierte einem Schreiber den Text, der dann die Reinschrift sorgfältig auf Pergament oder auch auf Papier ausführte. Damit das fertige Dokument Glaubwürdigkeit erhielt, versah man es schließlich mit dem in Wachs gedrückten Siegel des Ausstellers. Selten und nur bei Dokumenten besonderer politischer und verfassungsrechtlicher Bedeutung wurden auch metallene Siegel aus Gold, Silber oder Blei, sogenannte Bullen, verwendet. Ein Beispiel dafür ist die „Goldene Bulle“ Kaiser Karls IV., mit der er 1356 unter anderem die Modalitäten für die Wahl und Krönung der römisch-deutschen Könige durch die Kurfürsten festlegte. Aber nicht ihr Siegel, sondern ihr Inhalt sollte für die kommenden Ereignisse von enormer Bedeutung sein.

Gingen Dokumente verloren, da vielleicht die Bibliothek des Klosters in Flammen aufgegangen war, konnten die Mönche nicht mehr oder nur unter Mühen ihre Rechte und Besitzungen nachweisen. Was lag da näher, als dem drohenden Verlust mit einer „neuen" Urkunde abzuhelfen? Damit wären wir beim ersten Fälschungsmotiv: Gegebenes Recht wurde ohne Abänderungen erneut verschriftlicht – nach heutigem Verständnis dennoch eine Fälschung. Dass damals dabei kein allzu großes Unrechtsbewusstsein aufkam, ist durchaus verständlich. Auf der nächsten Stufe wurde es schon etwas heikler: Da bedrohte zum Beispiel ein Adliger unsere Mönche und sie fertigten sozusagen aus Notwehr ein Schutzprivileg des Königs an, mit dem sie sich der Übergriffe erwehren konnten. Eine solche Urkunde entsprach also nicht mehr den Tatsachen. Da aber dem König eigentlich dieser Schutz oblag, gab diese gefälschte Urkunde einen Idealzustand wieder, sie diente also einem höheren Zweck. Auch in diesem Fall dürfte sich wohl das schlechte Gewissen in Grenzen gehalten haben. Die dritte und letzte Stufe war die, die mit krimineller Energie bewusst Tatsachen schuf, die es vorher nicht gegeben hat.

Bei der Herstellung gefälschter Urkunden konnte der Schreiber auf dreierlei Weise vorgehen: Entweder übernahm er den Wortlaut von einer früheren Abschrift – das entspräche dem ersten Fälschungsmotiv. Für die zweite und dritte Absicht musste er den Text völlig neu erfinden oder eine echte Urkunde so manipulieren, dass sie seinen Wünschen entsprach. Die letzte Variante war ein häufig genutztes Mittel: Man schabte einzelne Buchstaben, Zahlen, Wörter oder manchmal ganze Passagen mit einem scharfen Gegenstand vom Pergament ab und überschrieb die Stelle. Da diese sogenannten Rasuren Spuren hinterließen, weckten sie auch schnell das Misstrauen der Leser. Dann war es schon besser, die Sache richtig zu machen und eine komplett neue Urkunde anzufertigen. Das Problem war jedoch, dass man sich nicht nur Mühe geben musste, die Schrift nachzuahmen, sondern man brauchte noch ein Siegel. Man konnte auch das fälschen, aber wirkliche Überzeugungsarbeit leistete erst ein echtes, das man von einer anderen Urkunde nahm – dummerweise wurde die damit ungültig. Diesen Nachteil nahm Herzog Rudolf IV. von Österreich gern in Kauf, sollten die Rechte, die er sich mit der gefälschten Urkunde verschaffte, doch die alten weit in den Schatten stellen.

Der 1339 geborene Rudolf war der Erstgeborene Herzog Albrechts II. von Österreich. Er wuchs in der Wiener Burg auf und erhielt dort eine sorgfältige Erziehung. Von seinen Unterschriften auf Urkunden weiß man, dass er lesen und schreiben konnte. Mit seinem übertriebenen Selbstbewusstsein, seinem heftigen Temperament und anmaßenden Auftreten erregte er schon in jungen Jahren Anstoß. Im Alter von fünf Jahren wurde er mit Katharina von Luxemburg, einer Tochter Kaiser Karls IV., verlobt, die er 1353, neun Jahre später, in Prag auch heiratete. In der Folgezeit begleitete er seinen Schwiegervater an den Oberrhein und nach Zürich und erhielt die Reichslandvogtei im Elsass, die er zusammen mit den habsburgischen Besitzungen in Schwaben verwaltete. Der Kontrast zwischen den Höfen in Wien und Prag dürfte bei dem jungen Mann bereits den Neid auf den Thron Karls IV. und seine Rivalität zu ihm geweckt haben. Als der Kaiser 1356 die „Goldene Bulle" erließ, welche die Wahl des römisch-deutschen Königs regelte, definierte er auch die Stellung der sieben Kurfürsten, die den König wählten. Sie erhielten eine Reihe besonderer Vorrechte, die nicht nur für die Festigung ihrer Landesherrschaften förderlich waren, sondern sie auch unter den anderen Fürsten heraushob. Durch dieses Gesetz muss sich der junge Habsburger in seiner Macht deutlich zurückgesetzt gefühlt haben, denn seine Dynastie wurde hier nicht berücksichtigt, da Österreich kein Kurfürstentum war. Sein übertriebenes Geltungsbewusstsein ließ ihn bei nächster Gelegenheit handeln: Nach dem Tod des Vaters konnte er im Sommer 1358 faktisch allein die Herrschaft über die habsburgischen Lande übernehmen, da seine Brüder Friedrich, Albrecht und Leopold noch minderjährig waren. Traditionell sahen die Nachfolgeregelungen jedoch vor, dass alle männlichen Erben gemeinsam die Regentschaft übernehmen sollten. Mit dem Ziel, sowohl den Ruhm und die Ehre der eigenen Dynastie zu steigern, als auch seine Brüder in Zukunft von jeglicher Mitsprache auszuschließen, beauftragte er im Winter 1358/59 seinen Kanzler Johann Ribi mit der Anfertigung einer Urkundenreihe, die man heute „Privilegium maius" nennt. Man hatte nicht vor, an bereits bestehenden Urkunden herumzukratzen und sie auszubessern, denn das wäre zu auffällig und leicht zu durchschauen gewesen. Nein, sie wollten es richtig machen – es sollten fünf neue Urkunden her! Als Vorlage dienten ältere Dokumente: Zunächst nahm man das sogenannte „Privilegium minus" von 1156, in dem Kaiser Friedrich I. Barbarossa den Markgrafen von Österreich zum Herzog erhoben und ihm besondere Rechte gewährt hatte, und erweiterte sie um die Punkte, die Rudolf an seiner momentanen Stellung im Reich vermisste. Da an der Originalurkunde eine Goldbulle hing, war auch das Problem des fehlenden Siegels gelöst: Man schnitt sie einfach ab und hängte sie an die Fälschung. Auch die echte Bestätigung des „Privilegium minus" durch Kaiser Friedrich II. von 1245 – nun ergänzt um gewünschten Neuerungen – wurde neu gefertigt. Um sämtliche Spuren zu verwischen, vernichtete man die beiden Originale anschließend.

Neben diesen beiden Urkunden wurden noch drei weitere erfundene Privilegien von Heinrich IV., Heinrich (VII.) und Rudolf I. verfasst. In die Urkunde von Kaiser Heinrich IV. aus dem 11. Jahrhundert flocht man sogar noch zwei angeblich antike Privilegien von Cäsar und Nero mit ein. Dadurch war Rudolf jetzt Besitzer der ältesten Urkunden im Reich! Ihre Anfertigung dürfte dem Kanzler und den Schreibern einige Mühe gekostet haben, denn sie ahmten die Schrift der vorhandenen Originalurkunden so täuschend echt nach, dass man noch heute die Schreiber der vernichteten Vorlagen identifizieren kann. Trotzdem lief nicht alles perfekt: Die Fälscher taten sich mit der Schreibweise des mehr als 200 Jahre alten Lateins etwas schwer, zudem haben sich beim Kopieren der Vorlage noch einige sinnstörende Fehler eingeschlichen.

Die fertigen Dokumente legte Rudolf seinem kaiserlichen Schwiegervater im April 1359 zur Bestätigung vor, als seine Belehnung mit dem Herzogtum Österreich anstand. Der Kaiser muss nicht schlecht gestaunt haben, als er las, was der gerade 19-Jährige ihm da zeigte. Rudolfs „Wunschliste" umfasste 18 Punkte: (1) Er brauche dem Heiligen Römischen Reich keine Hilfe und Dienste mehr zu leisten; (2) für Belehnungen müsse er nicht mehr an den Kaiserhof reisen, weil der Herrscher in sein Territorium zu kommen habe, und nach dreimaliger schriftlicher Anfrage gelte seine Belehnung auch ohne kaiserliche Bestätigung; (3) er brauche nicht mehr auf den Hoftagen zu erscheinen; (4) alle Lehen in Österreich würden ausschließlich vom Herzog vergeben; (5) ihm unterstünden alle Gerichte und die Banne über Wälder, Forste, Wild und Fischgründe; (6) der Herzog habe sich bei gerichtlichen Auseinandersetzungen vor niemandem, auch nicht vor dem Kaiser zu verantworten; (7) wenn er zu einem Zweikampf gefordert werde, dürfe sich der Herzog von einem unbescholtenen Mann vertreten lassen; (8) niemand, auch nicht der Kaiser, dürfe an den Bestimmungen und Anordnungen des Herzogs innerhalb seiner Lande etwas ändern; (9) sollte der Herzog ohne männlichen Erben sterben, werde das Herzogtum an die älteste Tochter übergehen; (10) es solle immer der älteste Sohn die alleinige Herrschaft innehaben und das Herzogtum dürfe niemals geteilt werden; (11) wenn ein Einwohner von Österreich offen gegen den Herzog vorgehe, falle sein Besitz ohne Gnade dem Herzog zu; (12) das Reich müsse dem Herzog gegen alle Verschwörer Hilfe und Unterstützung gewähren, damit er zu seinem Recht komme; (13) im fürstlichen Gewand mit einem herzoglichen Hut, der von einem Strahlenkranz umgeben sei, und einem Stab in der Hand müsse er beim Lehnsempfang nicht mehr knien, sondern könne auf seinem Pferd sitzen bleiben; (14) er dürfe Ein- und Absetzungen nach seinen Wünschen vornehmen und auch Juden und christliche Wucherer in seinem Land aufnehmen; (15) wenn er auf Hoftagen anwesend sei, müsse man ihn mit dem Titel des „Pfalzerzherzogs" ansprechen und nach der Sitzordnung und beim Einzug des Kaisers dürfe er an dessen begehrter rechter Seite nach den Kurfürsten den ersten Platz einnehmen; (16) der Herzog habe die volle Verfügungsgewalt, sein Land an wen auch immer zu verschenken oder zu übertragen, falls er kinderlos sterben sollte, und auch der Kaiser dürfe ihn darin nicht behindern; (17) das Herzogtum Österreich solle die gleichen Rechte und Freiheiten besitzen wie alle anderen Fürstentümer des Reiches; (18) alle verliehenen Vorrechte seien auch künftig für die durch Kauf oder Erbschaft erworbenen Länder gültig.

Karl IV. muss sofort klar gewesen sein, dass es sich um eine Fälschung handelte, denn andernfalls hätte ihm der Vater Rudolfs, Herzog Albrecht, diese bedeutenden Dokumente bereits zur Anerkennung vorlegt. Zerrissen zwischen väterlicher Strenge und der Gerechtigkeit, die von ihm als Herrscher verlangt wurde, entschied er sich zunächst für Zurückhaltung und belehnte Rudolf nicht – weder auf die geforderte noch auf die althergebrachte Weise. Verärgert begann der junge Herzog die kaiserliche Autorität zu untergraben, führte den Titel des Pfalzerzherzogs einfach ohne Bestätigung, legte sich eine neue Krone sowie weitere Insignien zu und schloss ein Bündnis mit den Grafen von Württemberg gegen den Kaiser ab. Mit diesem offensiven Vorgehen zwang er Karl zu einer Reaktion. Unter der Vermittlung des ungarischen Königs Ludwig I. kam es im Mai 1360 zu einer Aussöhnung zwischen Rudolf und seinem Schwiegervater, wobei ihn Karl auf die gewohnte Weise belehnte; die speziellen Rechte aus dem Privilegium maius überging er weiterhin. Weil Rudolf das nicht hinnehmen wollte, ließ er sich den gesamten Fälschungskomplex von drei klug ausgewählten Personen als echt bestätigen: Der päpstliche Legat, Bischof Ägidius von Vicenza, war des Deutschen nicht mächtig, Bischof Gottfried von Passau verfolgte eine prohabsburgische Linie und der Notar Lamprecht von Brunn war ein langjähriger Vertrauter des Herzogs. Die drei Herren kamen nach sorgfältiger Prüfung zu dem Schluss, dass die Urkunden originale Siegel und keine Rasuren aufwiesen und damit über jeden Verdacht erhaben seien. So hatte Rudolf die Bestätigung von offizieller Seite erreicht, was ihn glauben ließ, dass der Kaiser sie nun nicht länger ignorieren dürfe. Der Luxemburger war ein Diplomat, der Waffengewalt nur im äußersten Notfall einsetzte. So ein Fall war nun jedoch eingetreten: Im August 1360 zwang er militärisch die mit Rudolf verbündeten Grafen von Württemberg, ihr Bündnis zu lösen. Rudolf verstand diese Warnung, er beugte sich dem kaiserlichen Willen und schwor, dass er alle angemaßten Titel ablege und sich neue Siegel anfertigen lasse.

Trotzdem musste Karl IV. eine offizielle Entscheidung über die ihm vorgelegten Urkunden treffen. Da ihn besonders die beiden antiken Urkunden von Cäsar und Nero misstrauisch machten, beauftragte er den gelehrten Humanisten Francesco Petrarca, der als bester Kenner der römischen Antike galt, die Stücke zu prüfen. Doch da das Gutachten auf sich warten ließ, berief der Kaiser im November 1360 einen Hoftag, auf dem Rudolf persönlich erschien, um die Urkunden erneut vorzulegen. Wieder suchte der Kaiser einen Weg, seinen Schwiegersohn wegen der Fälschungen nicht offen bloßzustellen, und entschied sich für eine Prüfung aller einzelnen Forderungen, statt sie insgesamt abzulehnen. Da ein Verhandlungsprotokoll überliefert ist, sind Karls Entscheidungen nachvollziehbar. Zusammen mit seinen Ratgebern ging er differenziert vor und gab lediglich einen Kommentar ab, wenn die Punkte nur das Herzogtum Österreich betrafen. So fügte er beispielsweise bei der Nachfolgeregelung zugunsten Erstgeborenen mit Seitenblick auf Rudolfs drei Brüder die Bemerkung hinzu, dass diese sich überlegen sollten, ob sie die Enterbung hinnehmen wollten, und gab damit den Streitpunkt einfach an die Betroffenen weiter. Bei Widerstand gegen den Herzog oder Schädigung seines Besitzes forderte der Herrscher eine ordentliche Gerichtsverhandlung. Manche Punkte wurden von dem Gremium so umformuliert, dass sie den Belangen des Reiches nicht mehr entgegenstanden. Bei einigen wenigen verweigerte Karl auch seine Zustimmung. Die Urkunden von Nero und Cäsar lehnte er völlig ab.

Erst im nächsten Frühjahr traf das Gutachten Petrarcas ein. Der Gelehrte gab dem Kaiser im Nachhinein recht und lieferte ihm die nötigen Beweise, falls Rudolf die Entscheidung doch noch anfechten sollte:

> „Die Lüge hinkt stets, leicht wird sie ergriffen, des scharfen und schnellen Geistes Urteil flieht sie nur mühsam. Eine wahrlich nichtswürdige Urkunde wird da vorgelegt, schwülstig, wahrheitsleer, ich weiß nicht durch wen, doch ohne Zweifel durch einen unstudierten, ungebildeten Menschen, ja vielmehr durch einen Schüler und unfertigen Elementarlehrer, zwar zur Lüge entschlossen, jedoch ohne die Fähigkeit, die Lüge zu erfinden. Hätte er sie gehabt, hätte er bestimmt niemals so ungesalzene Dummheiten verströmt. Die Verfertiger von Dingen dieser Art pflegen nämlich etwas zu schaffen, was der Wahrheit ähnlich ist, damit, was niemals existierte, weil es doch dem, was war, ähnlich ist, auch selbst geglaubt werden kann. Falls dieser vielleicht das römische Recht und die mit Waffen und Gesetzen sowie Tugend begründete und befestigte Majestät des Reiches durch seine Torheiten umstürzen zu können geglaubt hat, was ein Zeichen größter Dummheit war, musste er wenigstens kunstvolle Torheiten und eine gefärbte Lüge vorbringen, die nicht sogleich selbst triefenden Augen durchsichtig erscheint. Was diese Täuschung angeht, Kaiser, so zweifle ich nicht, dass Dir und Deinen großen, sehr weisen und hochgelehrten Männern und vor allem Deinem scharf blickenden und luchsäugigen Kanzler diese Täuschung sichtbar sein wird. Weil Du dennoch befiehlst, dass auch ich hier sage, was ich meine, gehorche ich und sage, was mir aus dem Stegreif in den Sinn kommt. „Wir", sagt er, „Julius Imperator, Wir Caesar, Wir oberster Augustus des kaiserlichen Landes" usw. Wer ist so stumpfsinnig, dass er nicht schon mit offenen Augen fast so viele Lügen wie Worte sieht? Obwohl die Seinen Caesar seiner Größe schmeichelnd im Plural anzureden begannen, findet man doch, dass er selbst von sich im Gespräch mit den Rittern niemals anders als im Singular zu sprechen gewohnt war. Das hat dieser Ochse ver-

kannt. Hätte er es gewusst, hätte er vorsichtiger gebrüllt. Wer sieht nicht, dass es nicht nur falsch, sondern lächerlich ist, dass Cäsar sich hier Julius Augustus nennt? Dass dieser Titel von dem Nachfolger jenes seinen Anfang genommen hat, muss, so denke ich, allen Knaben bekannt sein, die gerade die Schwelle der Schule berührt haben. Keiner wird das verkennen außer diesem Esel, der nun so unpassend brüllt. [...] Was soll man dazu sagen, dass das Datum der Urkunde in der offensichtlichsten Weise falsch ist? Denn wer, außer ein Verrückter, wird schreiben „gegeben zu Rom am Freitag im ersten Jahr Unseres Königreiches" und nicht hinzufügen, zu welchem Monat der Tag gezählt werden soll? [...] Das mag jenem ungebildeten und törichten Lügenschmied zu dem Märchen über Julius Cäsar gesagt sein. Der größte Teil passt auf die neronische Geschichte. Oh schamloser und kranker Kopf! Das ist es, Imperator Augustus, was sich im Augenblick ohne großes Studium anbietet. Es ist von Anfang bis Ende gänzlich roh und neu. Vielleicht könnte dadurch eine leichtgläubige Greisin oder ein Bergbauer getäuscht werden, jedoch sicherlich nicht ein kluger Mann."

Auszug aus dem Gutachten des Francesco Petrarca zum Privilegium maius von 1361. Übersetzung aus dem Lateinischen nach: Quellensammlung zur österreichischen und deutschen Rechtsgeschichte, S. 121. Wir danken den Herausgebern und dem Böhlau Verlag für die freundliche Erlaubnis des Abdrucks.

Rudolf gab sich aber noch immer nicht geschlagen und suchte weiter nach Bündnispartnern gegen seinen Schwiegervater. Karl IV. schob seine militärische Intervention aber so lange hinaus, bis die Situation für ihn günstig war. Rudolf schien das Ringen um die Grafschaft Tirol mit den verfeindeten Wittelsbachern zu verlieren und zeigte sich deshalb bereit, für dessen Übertragung seine Ambitionen aufzugeben.

Das Privilegium maius blieb fast hundert Jahre ungenutzt, bevor der habsburgische Kaiser Friedrich III. es 1453 bestätigte. Damit besaß es bis zur Auflösung des Heiligen Römischen Reichs Deutscher Nation im Jahr 1806 Gültigkeit. So siegte die Frechheit doch noch. Erst 1852 wies Wilhelm Wattenbach erneut nach, dass es sich um eine Fälschung handelte.

Klaus Störtebeker – der enthauptete Seeräuber (1401)

Es ist kalt und regnerisch an diesem Oktobertag 1878 in Hamburg. Seit einiger Zeit sind die Männer nun schon mit dem Ausheben der Erde auf dem Grasbrook, einer Insel südlich der Altstadt, beschäftigt; hier soll die Speicherstadt gebaut werden. Trotz der kühlen Witterung läuft ihnen vor Anstrengung der Schweiß den Rücken hinunter und die Kehlen brennen vor Durst. Gegen Mittag trifft der Spaten eines Arbeiters auf etwas Hartes und rutscht mit einem Kratzgeräusch ab. Fluchend reibt sich der Mann den Arm. Was zum Teufel war das? Als er sich hinkniet, sieht er es zwischen der morastigen Erde weiß aufblitzen und erkennt mit Grauen, worauf er da gestoßen ist: Ein menschlicher Schädel zeichnet sich deutlich vom dunklen Boden ab. Vorsichtig befreit er mit den Händen seinen Fund, der die Attacke des Spatens unbeschadet überstanden hat. Aber zu dem Kopf gibt es kein Gerippe. Stattdessen hält ein riesiger Eisennagel den Schädel auf einer Holzbohle fest. Flink gräbt der Arbeiter mit seinen Händen weiter. Zwei seiner Kollegen helfen ebenfalls mit. Die Bohle wird Stück für Stück freigelegt und nach weniger als einem halben Meter taucht ein weiterer Schädel in der Erde auf, auch er mit einem Nagel im Holz verankert. Die Männer sehen sich an, ihnen ist völlig klar, was sie da gerade gefunden haben – einen hingerichteten Seeräuber. Vielleicht sogar den berüchtigten Klaus Störtebeker? Jenen Piraten, dem zusammen mit über 70 seiner Gefolgsleute um 1400 hier auf dem Hamburger Grasbrook der Kopf abgeschlagen wurde?

Solche Hinrichtungen waren in der mittelalterlichen Hansestadt nichts Ungewöhnliches. Zwischen dem 15. und dem 18. Jahrhundert sollen hier an über tausend Menschen Todesurteile vollstreckt worden sein. Die Strafe konnte durch Verbrennen auf dem Scheiterhaufen, durch ein großes Wagenrad, das auf den Verurteilten fallengelassen wurde und ihm schrittweise die Knochen brach, durch Sieden in heißem Fett, durch Erhängen oder aber durch Enthaupten vollzogen werden. Als ehrenvollste Art zu sterben galt die Enthauptung durch das

Schwert und sie war für die Bestrafung von Seeräubern vorgesehen. Das Lübische Recht sah darüber hinaus vor, dass man anschließend den abgetrennten Kopf auf einen Stock nageln solle. Dass gerade die Seeräuber diese ehrenvolle Behandlung erfahren haben, obwohl sie bei ihren Überfällen unbescholtene Händler getötet und deren Waren gestohlen hatten, mag auf den ersten Blick verwundern. Doch die Strafe erklärt sich aus der Art und Weise, wie sie bei ihren Raubzügen vorgingen: Nicht heimliche, durch die Dunkelheit schleichende Diebe waren sie, sondern Verbrecher, die in einem Ausbruch roher Gewalt bei Tageslicht handelten. Es gab also auch bei der Straffestlegung eine genaue Unterscheidung zwischen unehrenhaftem Diebstahl und ehrenhaftem Raub. Deshalb blieb den Seeräubern die Schande des Galgens, die den gemeinen Dieben blühte, erspart.

Aber zurück nach Hamburg im Oktober 1878. Bei dem Versuch, die Holzbohle mit den beiden Schädeln zu bergen, zerfällt sie völlig und der eine Nagel zerbricht dabei, sodass der dazugehörige Schädel wegrollt. Die Arbeiter heben ihn auf und lösen den anderen samt Nagel aus dem Holz. Mit ihrem Schatz machen sie sich auf, vielleicht zahlen ihnen die Geschichtsforscher dafür ja einen schönen Finderlohn.

Und tatsächlich – stolze 15 Mark bezahlte die Sammlung Hamburger Altertümer für die beiden Piratenschädel, die später im Museum für Hamburgische Geschichte ausgestellt wurden. Doch damit nicht genug: Im Januar 2010 stahlen zwei Männer den Störtebeker-Schädel, der zusammen mit einer Gesichtsrekonstruktion des Seeräubers in einer Glasvitrine im Museum ruhte. Erst im folgenden Frühjahr tauchte er wieder auf, als ein Hehler den Finderlohn des Museums einkassieren wollte und so alle drei gefasst werden konnten. Doch weil Diebstahl inzwischen etwas milder geahndet wird, sprach sich das Amtsgericht Hamburg lediglich für Freiheitsstrafen auf Bewährung und nicht für den Galgen aus.

Diesen aufsehenerregenden Prozess brauchte Störtebeker allerdings nicht, um in unser Bewusstsein zu gelangen. Spätestens seit dem Dreiteiler „Pirates of the Caribbean“ ist der Seeräuber als Berufszweig in den meisten Köpfen präsent. Dass hier die Grenzen des Gesetzes deutlich überschritten wurden, ist natürlich jedem klar, aber weil solche Erzählungen förmlich nach Abenteuern und wilder Romantik auf See riechen, wurden sie zu jeder Zeit gern gehört. Auch die Geschichten über Störtebeker gehören eindeutig in diese Sparte. So verwundert es nicht, dass die Sagen mit der Zeit immer fantastischer und zahlreicher wurden und dass aus dem Piraten, der auf der Ostsee sein Unwesen trieb, in mancher Darstellung fast so etwas wie ein Robin Hood der Meere geworden ist. In Vergessenheit konnte Klaus Störtebeker jedenfalls nicht geraten, denn schließlich machen die Störtebeker-Festspiele seit 1993 in Ralswiek auf Rügen die Abenteuer des legendären Seeräubers wieder lebendig.

Aber wie wurde man eigentlich Seeräuber und was genau umfasste sein Tätigkeitsprofil? Wie in den meisten Berufen erleichtern gewisse Qualifikationen den Einstieg enorm. Für einen mittelalterlichen Seeräuber gehörten dazu nicht nur Seetauglichkeit, sondern auch Erfahrungen in der Navigation von Schiffen und Kenntnisse des Kriegshandwerks. Wenn die Position eines Kapitäns oder Hauptmanns angestrebt wurde, musste man schon gutes Durchsetzungsvermögen und eine gewisse Leitungserfahrung mitbringen.

All das konnte Klaus Störtebeker anscheinend vorweisen, der wohl zur Zeit der großen Sturmflut im Januar 1362 geboren wurde, die riesige Landstriche und fast fünfzig Kirchengemeinden überschwemmte. Sie riss viele Tausend Menschen mit sich, sodass man sie fortan nur noch „Große Manntränkung" nannte. Störtebeker wuchs in Wismar auf, während der Blütezeit der Hansestädte mit ihrem florierenden Handel in ganz Nordeuropa, Skandinavien bis nach Russland. Im Kielwasser der Hansekoggen schwammen jedoch auch Straßen-, Strand- und Seeraub mit, denn der verarmte Landadel, der seit dem Ende der Kreuzzüge ohne Herausforderung dastand, wollte an dem Reichtum der Hansekaufleute partizipieren und mit den Raubzügen seiner Finanznot abhelfen.

Mit den Überfällen stieg auch die Angst der Schiffer, den Räubern in die Hände zu fallen. An zahlreichen Altären erflehten sie den Schutz der Heiligen. An der Stadtmauer Hamburgs in der Nähe des Schiffslandeplatzes knieten sie zuhauf vor einem dort eingelassenen Marienbild, dem wundertätige Wirkungen nachgesagt wurden, und beteten für eine gefahrlose Reise und heile Rückkehr. Die Statue der Gottesmutter wurde mit Geld und Geschenken förmlich überhäuft, sollte sie doch nicht nur vor den Räubern, sondern ebenso vor den Naturgewalten und vor Schiffbruch schützen.

Auch die norddeutschen Hansestädte mit Lübeck an ihrer Spitze versuchten ihre Handelsrouten zu sichern. Sie ließen sich von Kaiser Karl IV. ein Privileg ausstellen, das sie dazu ermächtigte, gegen die See- und Strandräuber vorzugehen. Und nicht nur die weltliche Macht unterstützte den Hansehandel, auch der Papst trug das Seinige dazu bei und stellte einen Schutzbrief zugunsten der Handelsschifffahrt auf der Elbe aus. Die Seeräuber beeindruckte das wenig: Sie gingen ihrem Treiben trotz kaiserlicher Bestimmung, trotz Schutz des Papstes und der Gottesmutter ungehemmt weiter nach.

Gleichzeitig entbrannte mit dem Tod des mächtigen Dänenkönigs Waldemar IV. Atterdag ein Kampf um die nordischen Reiche. Margarete, die jüngere Tochter Waldemars, die mit dem König von Norwegen verheiratet war, schaffte es, ihren noch minderjährigen Sohn Olaf als Nachfolger durchzusetzen, und führte die Regentschaft bis zu seiner Volljährigkeit selbst. Damit überging sie Albrecht IV., den Sohn ihrer älteren Schwester, der aus der Verbindung mit dem Herzog von Mecklenburg – dem Bruder des Königs von Schweden – entstammte und der eigentlich der erbberechtigte sowie von Waldemar gewünschte Nachfolger gewesen wäre. Auch die Intervention Kaiser Karls IV. brachte keine Einigung. Die Hanse aber versuchte sich aus den Thronstreitigkeiten weitgehend herauszuhalten, um weder mit der norwegisch-dänischen noch der schwedisch-mecklenburgischen Seite aneinanderzugeraten.

Die Mecklenburger waren in ihrer Wut bereit, ihre Ambitionen mit allen Mitteln zu verfolgen. Deshalb suchte Herzog Albrecht II. nach Freiwilligen für Kaperfahrten gegen Dänemark, um seinem übergangenen Enkel zum rechtmäßigen Thron zu verhelfen. Die von ihm dafür ausgestellten Kaperbriefe erlaubten es im herzoglichen Auftrag, alle dänischen Schiffe und deren Verbündete zu überfallen. Damit weckte Albrecht vorrangig das Interesse der Seeräuber und bediente sich als Erster in der Geschichte ihrer Hilfe. Waren die Piraten vorher eher unorganisiert auf Raubzug gegangen, schlossen sie sich nun unter Albrechts Leitung zu regelrechten Verbänden zusammen. Dadurch gerieten jedoch die beiden Hansestädte Rostock und Wismar in die Zwickmühle. Einerseits hatten sie die anderen Hansestädte im Kampf gegen die Seeräuber zu unterstützen, andererseits waren sie auch mit ihrer Gefolgschaft dem mecklenburgischen Herzog verpflichtet, auf dessen Territorium sie lagen. Die beiden Städte hielten sich schließlich an

Albrecht und gewährten den Seeräubern Unterschlupf und Hilfe. Doch es kam, wie es kommen musste: Die Piraten beschränkten ihre Kaperfahrten nicht nur auf dänische Schiffe, sondern überfielen immer häufiger auch die Hansekoggen, was weder im Interesse des Mecklenburgers noch Rostocks und Wismars lag. Schließlich verwandeln sich Kämpfer auf eigene Rechnung nicht einfach über Nacht in gehorsame Söldner. Empört darüber verbot die Hanse den beiden Städten, mit den geraubten Gütern der Piraten Handel zu treiben, und schickte keine Friedensschiffe zum Geleit mehr in die Ostsee. Daher stieg die Zahl der Seeräuber so dramatisch an, dass Stralsund und Lübeck im Frühjahr 1377 mehrere Hundert von ihnen zählten, die gewaltigen Schaden anrichteten. Zum Handeln gezwungen, rüstete die Hanse im folgenden Jahr doch Friedensschiffe aus, die den Koggen Geleitschutz bieten sollten. Die Kosten dafür waren so immens, dass die Hanse unter dieser Bürde ächzte.

1380 machte der junge Störtebeker erstmals von sich reden, allerdings in einer wenig heldenhaften Weise – zwei Wismarer Bürger hatten ihn so heftig verprügelt, dass er mehrere Knochenbrüche davontrug. Das Verfestungsbuch der Stadt Wismar berichtet, dass die zwei Angreifer deswegen der Stadt verwiesen wurden. Leider schweigt es sich über die Herkunft und den Beruf des Opfers aus, doch zeigten sich in dieser schweren Schlägerei Charakterzüge, die einem Seeräuber durchaus nützlich sein konnten. Wieder genesen, muss auch Störtebeker dem Aufruf des mecklenburgischen Herzogs gefolgt sein. Doch dann starb Herzog Albrecht II. und sein Nachfolger, Albrecht III., nun Herzog von Mecklenburg und König von Schweden in einer Person, hatte kein Interesse an der Fortsetzung des dänischen Thronstreits und leitete deshalb sofort Friedensverhandlungen mit Margarete ein. Die Hansestädte Wismar und Rostock wurden ihrer Unterstützungsverpflichtung für die Seeräuber entbunden und diese wieder sich selbst überlassen. Als sie die Hansehäfen nicht mehr anlaufen konnten, wechselten sie insgeheim die Fronten und setzten nun mit Unterstützung dänischer Adliger ihre Kaperfahrten unvermindert fort. Die darauffolgenden Friedensverhandlungen brachten nur kurze Atempausen, aber keine Lösung des Seeräuberproblems. So mussten zum Leidwesen der Hanse auch in den nächsten Jahren zahlreiche Friedensschiffe ausgerüstet werden, damit die Waren sicher am Bestimmungsort ankamen.

Doch über König Albrecht von Schweden und so auch über dem Hause Mecklenburg brauten sich Ende der 1380er-Jahre heftige Stürme am politischen Himmel zusammen. Der Dänenkönigin gelang es, sich mit dem schwedischen Adel gegen Albrecht zu verbünden. Aus Unzufriedenheit mit seiner Herrschaft unterstützten die Adligen Margaretes Bestreben, eine Vereinigung der skandinavischen Königreiche zu erreichen, und huldigten ihr im März 1388. Albrechts Versuch, die Abtrünnigen in einer Schlacht zu bezwingen, endete mit einer vernichtenden Niederlage und seiner Gefangennahme. Dies gab der Königin Gelegenheit, ganz Schweden unter ihre Herrschaft zu bringen. Ganz Schweden? Nein, die Festung Stockholm widerstand jeglichen Eroberungsversuchen und hielt zu ihrem König. Während die Mecklenburger noch mit Margarete über die Freilassung Albrechts verhandelten, versuchten sie als Erstes dem belagerten Stockholm zu Hilfe zu eilen. Zudem planten sie schon den nächsten direkten Angriff auf Dänemark. Drittens aber riefen sie erneut die Seeräuber auf den Plan, die mit ihren Kaperzügen gegen dänische Schiffe den Gegner schwächen sollten. Da aber die für Stockholm entsendeten Schiffe in einem Sturm versanken oder den Feinden in die Hände fielen und die Mecklenburger gleichzeitig noch Truppen für eine Fehde gegen die Markgrafen von Brandenburg ausrüsten mussten, lenkten sie ihre ganze Kraft auf die Kaperaktionen – diesmal aber viel konsequenter und energischer! Zusammen mit den mecklenburgischen Städten öffneten die Herzöge ihre Häfen allen, die am Krieg gegen Dänemark teilnehmen wollten. Wieder standen die beiden Hansestädte Rostock und Wismar auf der Seite der Herzöge und zogen den Unmut der gesamten Hanse auf sich, die ihre Handelsinteressen weiter durch die Piraterie gefährdet sah. Die Kaperbriefe der Mecklenburger jedenfalls hatten so prompten Erfolg, dass die Handelsschifffahrt auf der Ostsee in arge Bedrängnis geriet. Die Seeräuber formierten sich unter der Bezeichnung „Vitalienbrüder“ zu einer unberechenbaren, kaum mehr kontrollierbaren Macht. Sie gingen mit ihren Kaperfahrten selbst ein großes Risiko ein, denn die Briefe des Herzogs nützten ihnen im Falle der Gefangennahme nichts, dann wurden sie wie jeder andere Seeräuber geköpft.

Unter ihren Kapitänen oder Hauptleuten finden sich zu Beginn der 1390er-Jahre vorwiegend mecklenburgische Adlige, aber auch ein Däne und ein Holsteiner sind unter ihnen und sogar zwei Bettelmönche aus

Visby. Klaus Störtebeker wird jedoch noch nicht erwähnt – der musste sich in dieser Zeit wohl noch der Grundausbildung zum Seeräuber unterziehen und seine Sporen erst verdienen. Das gelang ihm mit Sicherheit Ende 1393, als die Schiffe des Herzogs zusammen mit den Vitalienbrüdern mitten im Winter nach bestandener Seeschlacht acht Schiffsladungen mit Lebensmitteln ins belagerte Stockholm durchbringen konnten. Gerade diese erfolgreiche Aktion hat später enorm zur Legendenbildung beigetragen.

Im folgenden Jahr findet sich Störtebekers Name in zahlreichen Klageakten, nach denen er als Hauptmann der Vitalienbrüder an Kapereien englischer Schiffe beteiligt war. Diese Übergriffe zeigen deutlich, dass die politischen Ziele mit der Zeit dem reinen Broterwerb wichen, waren doch die Engländer in die Auseinandersetzungen um Schweden gar nicht involviert. Im weiteren Verlauf des dänisch-mecklenburgischen Krieges gelang den Vitalienbrüdern die Einnahme der Insel Gotland und der Stadt Visby, was die Position der Herzöge bei Friedensverhandlungen so deutlich verbesserte, dass sie die Freilassung König Albrechts von Schweden im September 1395 erwirken konnten. Doch im Gegenzug verlor der Schwedenkönig sein Reich bis auf die Insel Gotland mit der Stadt Visby. Außerdem sollten Rostock, Wismar, Stockholm und Visby ihre Häfen für die Vitalienbrüder schließen und niemanden mehr unterstützen, der beabsichtigte, die Dänenkönigin zu schädigen. Damit wollte man den Seeräubern die Möglichkeit entziehen, die Kaperfahrten auch nach dem Friedensschluss aus eigenem Antrieb fortzusetzen. Einige Zeit konnten die Vitalienbrüder noch Gotland mit der Stadt Visby als letzten Standort im Ostseeraum halten, aber auch diesen verloren sie schließlich nach der Okkupation der Insel durch den Deutschen Orden. Da ihnen nun die Ostseehäfen verschlossen, der Schutz Mecklenburgs weggefallen und niemand nach dem langen Krieg mehr bereit war, sie aufzunehmen, begannen sich die Vitalienbrüder aufzuspalten: Ein Teil von ihnen soll nach Russland, ein anderer bis nach Spanien und ein dritter zur Nordsee gezogen sein; zu Letzteren gehörte auch Klaus Störtebeker mit seiner Truppe. Im ostfriesischen Marienhafe gelang es dem Seeräuberhauptmann, Unterstützung zu finden und sogar eine friesische Häuptlingstochter zu heiraten. Die Vitalienbrüder waren hier hochwillkommen, da die verschiedenen Stammeshäuptlinge der Friesen in ständiger Fehde miteinander lagen und großen Bedarf an kampferprobten Männern hatten. Störtebekers Mannschaft hatte hier also nicht nur einen Unterschlupf, sondern auch Absatzmärkte für die geraubten Waren gefunden. Doch nachdem die Seeräuberei in der südlichen Nordsee signifikant angestiegen und zahlreiche Schiffe der Hanse und der Engländer gekapert worden waren, übten die Hansestädte so starken diplomatischen und militärischen Druck aus, dass Störtebeker auch diese Operationsbasis verlor und sich nach einem neuen Verbündeten umsehen musste. Da kam ihm Albrecht I., Herzog von Bayern und Graf von Holland, gerade recht; dieser gewährte im Jahr 1400 per Vertrag 114 Vitalienbrüdern – unter ihnen auch Störtebeker – im westlichen Holland Aufnahme. Kurz darauf stießen noch weitere 150 Seeräuber zu ihnen und gemeinsam gingen sie dem Auftrag des Holländers nach, seine Feinde in Ostfriesland zu schädigen. Also segelte Störtebeker wieder mit Kaperbriefen im Gepäck im Auftrag eines adligen Landesherrn englischen und hansischen Handelsschiffen entgegen. Immer wieder schickte die Hanse Friedensschiffe gegen die Seeräuber, die weiterhin in ihrem Einflussbereich ihr Unwesen trieben. Und genauso regelmäßig gelang es den Vitalienbrüdern, den Häschern mit der Beute davonzusegeln. Doch waren den Seeräubern nicht lange günstige Winde beschieden. Die Lübecker Rufus-Chronik vermerkt für das Jahr 1401 Folgendes:

> Im selben Jahr fochten die Englandfahrer der Stadt Hamburg auf der See mit den Seeräubern, die sich Vitalienbrüder nannten, und konnten den Sieg davontragen. Sie schlugen fast 40 bei Helgoland tot und fingen 70 von ihnen. Diese brachten sie mit nach Hamburg und ließen ihnen allen die Köpfe abschlagen; ihre Köpfe setzten sie auf eine Wiese an der Elbe, als Zeichen dafür, dass sie auf dem Meer geraubt hatten. Die Hauptleute dieser Vitalienbrüder hießen Wichmann und Klaus Störtebeker.
>
> Ins Hochdeutsche übertragen nach der Rufus-Chronik, in: Die Chroniken der deutschen Städte vom 14. bis ins 16. Jahrhundert, Bd. 28, S. 25.

Die Hamburger nahmen also Störtebeker und alle jene seiner Genossen, die die Schlacht überlebt hatten, gefangen und brachten sie in ihre Stadt. Unter tosendem Glockengeläut fuhren die Schiffe in den Hafen ein und wurden von einer riesigen Menschenmenge begrüßt. Jedermann wollte die gefürchteten Seeräuber sehen. In einer langen Prozession traten die gefesselten Piraten den Weg in den Kerker an. Störtebeker inhaftierte man im Keller des Alten Rathauses, der noch heute „Störtebekers Loch" genannt wird. Da man die Seeräuber bei handhafter Tat erwischt hatte, fiel der Prozess kurz und die Strafe hart aus: Halsgericht, also Tod durch Enthaupten. Wie das Lübecker Recht es vorsah, sollten ihre Köpfe auf Holzblöcke genagelt zur Abschreckung dienen. Auf dem Grasbrook, einer Hamburger Elbwiese, wurden die Urteile unter den Blicken Tausender Schaulustiger vollstreckt. Die Legende sagt, dass Störtebeker vom Bürgermeister die Bitte gewährt bekam, alle Gefährten freizulassen, an denen er ohne Kopf vorbeilaufen könne. An elf soll es der Hauptmann vorbeigeschafft haben, bevor ihm der Henker einen Klotz vor die Füße warf. Es ist aber nur eine Legende, denn bekanntlich ist der Mensch kein Huhn. Aber gerade die Legenden, die sich um den gefürchteten Seeräuber Störtebeker ranken, machen ihn auch heute noch so präsent. Matthias Puhle fasst die Bedeutung dieser Piratengruppe zum Ende des 14. Jahrhunderts treffend zusammen: „Mit den Vitalienbrüdern hat die Geschichte der Seeräuberei nicht angefangen, und mit ihnen hat die Geschichte der Seeräuberei nicht aufgehört. Was sie aber heraushebt aus dieser Geschichte und zu einer besonderen Erscheinung macht, ist ihre politische Wirksamkeit und verhältnismäßig lange Existenz."

„Mit dem Kessel gerichtet“. Der Münzmeister von Thann und die Verlockung des schnellen Geldes (1406)

An einem Nachmittag im September 1406 in Basel brachten die Wachen einen gefesselten Mann zum Markt, der in Lumpen gehüllt war und vor Dreck starrte. Die beiden Monate im Kerker hatten ihm mächtig zugesetzt und er konnte sich nur mühsam auf den Beinen halten. Dicht drängten sich die Schaulustigen und diskutierten lautstark über die bevorstehende Hinrichtung. Mitten auf dem Platz war ein riesiger Bronzekessel aufgebaut worden und unter ihm tanzten schon die Flammen. Das Öl in seinem Inneren begann zu qualmen und zu zischen, als das Urteil vor allen Anwesenden verlesen wurde. Münzfälscherei warf man dem Gefesselten vor, der einst der Münzmeister von Thann gewesen war, und die darauf stehende Strafe war der Tod. Doch nicht der Galgen oder das Beil wartete auf ihn, sondern der große Kessel, denn Münzfälscher wurden in kochendem Öl gesotten! Man gewährte ihm einen schnellen Tod, indem man ihn auf einmal in den Kessel werfen und nicht erst Stück für Stück eintauchen würde. Von Pfiffen und lauten Rufen begleitet, packten ihn die Wachen und warfen den Delinquenten ohne langes Zögern in dem Kessel. Als ein gellender Schrei ertönte, verstummte der ganze Platz. Entsetzt beobachteten die Anwesenden, wie der Münzmeister noch einmal zuckend auftauchte und das heiße Fett aufspritzte. Dann war nur noch ein Zischen zu hören und ein ebenso unangenehmer wie bekannter Geruch breitete sich aus.

Wie kam man im spätmittelalterlichen Basel dazu, eine solch barbarische, seltsame Strafe zu wählen, und wessen hatte sich der Münzmeister eigentlich schuldig gemacht, dass er sie in den Augen der Zeitgenossen verdient hatte? Diese Frage verweist auf die Eigenarten des mittelalterlichen Münzwesens: Die Antike hatte ein hoch entwickeltes Geldwesen mit Gold-, Silber- und Kupfermünzen gekannt, das jedoch in der Völkerwanderungszeit zusammengebrochen war und erst viele Jahrhunderte später wiederbelebt werden konnte. Seit Mitte des 8. Jahrhunderts beanspruchten die fränkischen Könige die alleinige Zuständigkeit für die Münzprägung: Nur sie durften den Münzfuß, also den Anteil an Edelmetall in den Münzen, festlegen und Münzstätten einrichten. In der Folgezeit wuchs mit der Zahl der Münzstätten auch die Produktion. Doch im Gegensatz zu den Königreichen England und Frankreich wurde im römisch-deutschen Reich die Münzhoheit der Herrscher durchbrochen. Schuld daran war nicht nur die Übertragung dieses Vorrechtes an Gefolgsleute des Königs oder dessen Usurpation, sondern auch die neue Erschließung von Silberlagerstätten im Schwarzwald und im Harz. Mit den Herzögen, Bischöfen, Äbten und Grafen als neuen Münzberechtigten kam eine Vielzahl von Münzvarianten unterschiedlichster Qualität in Umlauf. Diese Aufsplitterung des Münzrechtes sollte bis 1806, bis zum Ende des Alten Reiches, fortdauern. Sie hatte zur Folge, dass der fiskalische Nutzen, den jeder Münzherr aus seinem Recht ziehen konnte, immer vordringlicher wurde. Beeinflussen konnte er den Gewinn über die Festlegung des Münzfußes, das heißt, er setzte den Feingehalt herab und prägte so mehr Münzen aus der gleichen Menge Edelmetall. Der Prägevorgang war demnach der gewinnbringende Teil und so versuchten die Münzherren möglichst oft neue Münzen zu prägen. Dazu erklärten sie im Rahmen von regelmäßigen Münzverrufungen die im Umlauf befindlichen Münzen für ungültig und tauschten sie gegen neu geprägte um, aber natürlich nicht ohne auch an dem Wechselkurs zu verdienen – denn für zwölf alte gab es in der Regel nur neun neue und dazu noch leichtere Münzen. Ab der zweiten Hälfte des 12. Jahrhunderts gewann die Geldwirtschaft mit der Zunahme des Handels im gesamten europäischen Raum so an Bedeutung, dass nicht nur der Aufschlag beim Wechseln, sondern auch die Wertminderung der Münzen zunehmend kritischer wahrgenommen wurde. Nikolaus Oremius, einer der bedeutendsten Naturwissenschaftler und Philosophen des 14. Jahrhunderts, schrieb den ersten theoretischen Traktat der Geldgeschichte; hier fasst er das Problem der Münzverschlechterung folgendermaßen zusammen:

> Indem man die Münze so verändert, wird gute Ware oder natürlicher Reichtum aufgrund dieser Münzverschlechterung nicht länger in das Königreich befördert, denn die Kaufleute ziehen lieber an die Orte, wo sie eine gute und feste Münze erhalten.
>
> Übersetzung aus dem Lateinischen. Originaltext bei Johnson (Hg.), The de Moneta of Nicolas Oresme, Kap. XX, S. 33.

Wie recht er damit hatte und wie stark die Bestrebungen vor allem vonseiten der Handelsstädte waren, die Münzverschlechterung zu unterbinden, zeigt die Gründung von Münzbünden. Ende des 14. Jahrhunderts schlossen sich die schweizerischen Münzstädte Basel, Bern, Zürich und Solothurn mit den Münzstädten von Herzog Leopold von Österreich, Graf Rudolf von Habsburg und noch einigen anderen Adligen im sogenannten „Rappenmünzbund" zusammen. 1403 einigten sich die Verbündeten auf den genauen Wert ihrer Silberpfennige, die sie „Rappen" nannten. Sie wollten die Münzen in ein stabiles Wertverhältnis zu den rheinischen Goldgulden bringen, die damals die gängigste Handelsmünze im südwestdeutschen Raum war. Im Vertrag wurde festgelegt, dass ein Pfund ihrer Silberpfennige einem Gulden entspreche und die Pfennige dazu 36 Gramm feinstes Silber aufzuweisen hätten. Die Bundesgenossen konnten die Qualität ihres Geldes so erfolgreich halten, dass nach wenigen Jahren auch schwäbische und oberrheinische Städte in den Bund aufgenommen werden wollten. Doch neue Mitglieder ließ man zunächst nicht zu und bemühte sich stattdessen, die Qualität der Währung mit regelmäßigen Kontrollen zu wahren. Die Münzen durften unter keinen Umständen einen geringeren als den vorgeschriebenen Silberanteil enthalten.

Aber nicht nur die früheren Münzherren, sondern auch betrügerische Münzmeister versuchten persönlichen Gewinn aus der Herabsetzung des Feingehaltes zu ziehen. Aus dem so einbehaltenen Edelmetall ließen sich beispielsweise weitere Münzen für den „Eigenbedarf" prägen. Deshalb gingen die Bundesgenossen besonders streng gegen Münzfälscher vor, wie der Fall des Münzmeisters von Thann zeigt. Anlässlich einer Münzprüfung stellten die Freiburger und Baseler Experten Anfang Juli 1406 fest, dass die in Thann geprägten Münzen hinter den Vorgaben zurückblieben. Der Baseler Rat beraumte eine Untersuchung an und erklärte diese Münzen für ungültig. In der Zwischenzeit floh der Münzmeister von Thann, der für den exakten Silbergehalt in den Rappen verantwortlich war, aber die Baseler konnten ihn nach kurzer Zeit gefangen nehmen. In seinen Taschen fand man sogar noch die stattliche Summe von 14 Pfund der falsch geprägten Münzen. Da man eilig eine Entscheidung in dieser Angelegenheit wollte, wurde innerhalb weniger Tage ein Treffen der verbündeten Städte in Basel einberufen. Dabei wurden die Münzen nochmals geprüft und zuungunsten des Münzmeisters bewertet, sodass es am 22. September 1406 in Basel zu einem Gerichtsverfahren kam. Die Gesandten aus Basel, Freiburg, Colmar und Breisach befanden den Münzmeister von Thann der Falschmünzerei für schuldig und verurteilten ihn zum Tod „durch den Kessel“, das heißt durch Sieden in kochendem Öl, und richteten ihn kurz darauf hin. Das Sieden war eine im gesamten römisch-deutschen Reich verbreitete Hinrichtungsart bei Münzvergehen. Der Verurteilte wurde bei lebendigem Leibe an einem Seil mit den Füßen voran in einen großen Kessel mit siedendem Öl getaucht. Zur Verschärfung der Strafe wurde er zwischenzeitlich wieder aus dem Kessel geholt und mit kaltem Wasser abgekühlt. Diese Prozedur musste der Delinquent wiederholt bis zum Eintreten des Todes über sich ergehen lassen. Man verstand diese grausame Hinrichtungsart als spiegelnde Strafe, die dem Verurteilten und den Zuschauern noch einmal die Art des Vergehens deutlich vor Augen führen sollte. Mit der Kesselstrafe spielte man auf das sogenannte Weißsieden in verschiedenen Säurebädern an, womit Fälscher versuchten, über den schlechten Silbergehalt ihrer Münzen hinwegzutäuschen.

An dem Münzmeister von Thann hatten die Bundesgenossen mit Anwendung der härtesten Strafe ein Exempel statuiert, um mögliche Nachahmer abzuschrecken und den Wert ihrer Rappen auch weiterhin zu sichern. Die Thanner Münzstätte wurde nach der Hinrichtung geschlossen und erst 1418 wieder in Betrieb genommen.

Jan Hus, das Konstanzer Konzil und die Zusage freien Geleites (1415)

Als der Magister zur Hinrichtungsstätte kam, beugte er die Knie, betete mit ausgebreiteten Händen und mit zum Himmel emporgerichteten Augen inbrünstig Psalmenverse, besonders „Gott, sei mir gnädig" und „Herr, auf dich vertraue ich". Bei der Wiederholung des Verses „in deine Hände, o Herr" hörten die Seinen, die dabeistanden, wie er heiter und mit ruhigem Blick betete. – Die Hinrichtungsstätte aber lag auf einer Wiese zwischen Gärten, wenn man aus der Stadt Konstanz heraus gegen die Burg Gottlieben geht, zwischen den Toren und den Vorstadtgräben ebenjener Bürgerstadt. Einige dabeistehende Laien sagten: „Wir wissen nicht, was er früher getan oder gesprochen hat. Jetzt aber sehen und hören wir, dass er heilige Worte betet und redet." […] – Während er nun so, wie erwähnt, betete, fiel die Schandkrone, die mit drei Dämonen ringsum bemalt war, von seinem Haupt. Er lächelte, als sein Blick darauf fiel. Und einige Söldner, die um ihn herumstanden, sagten: „Man soll sie ihm wieder aufsetzen, damit er zugleich mit seinen Herren, denen er gedient hat, den Dämonen, verbrannt werde." Auf Geheiß des Henkers aber erhob sich der Magister von der Stelle des Gebetes und sprach mit lauter und vernehmbarer Stimme, sodass ihn auch die Seinen gut hören konnten: „Herr Jesus Christus! Diesen entsetzlichen, schändlichen und grausamen Tod will ich um deines Evangeliums und um der Predigt deines Wortes willen auf das Geduldigste und demütig ertragen."

Dann wollte man, dass er an den Umstehenden überall reihum geführt werde. Er forderte sie auf und bat immer wieder, sie sollten nicht glauben, dass er die ihm durch falsche Zeugen aufgebürdeten Artikel irgendwie gehalten, gepredigt oder gelehrt habe. Als sie ihm sein Gewand ausgezogen hatten, banden sie ihn mit Stricken die Hände rückwärts an einen Pfahl. Und da der Magister mit dem Gesicht nach Osten gewendet stand, sagten einige der Umstehenden: „Man soll ihn nicht gegen Osten richten, denn er ist ein Häretiker, sondern richtet ihn gegen Westen!" Das geschah auch. Als man ihn aber am Hals mit einer berußten Kette zusammenschnürte, betrachtete er sie, lächelte und sprach zu den Henkern: „Der Herr Jesus Christus, mein Erlöser und Heiland, ist mit einer härteren und schwereren Kette gefesselt worden und ich Armer scheue mich nicht, um seines Namens willen gefesselt, diese Kette zu tragen." – Der Pfahl aber war ein dicker Balken von der Stärke ungefähr eines halben Fußes. Man hatte ihn an einem Ende zugespitzt und auf der Wiese in die Erde gerammt. Unter die Füße des Magisters aber hatte man zwei Bund Holz gelegt. Der Magister trug noch seine Schuhe und eine Fessel an den Füßen, als er an den Pfahl gebunden wurde. Die Holzbündel, die mit Stroh vermischt waren, legten sie überall rings um den Körper des so dastehenden Magisters bis an sein Kinn. An Holz aber waren es zwei Fuhren oder Wagen. […]

Dann zündeten die Henker den Magister an. Er sang darauf mit lauter Stimme zuerst: „Christus, Sohn des lebendigen Gottes, erbarme dich meiner"; zum zweiten Mal: „Christus, Sohn des lebendigen Gottes, erbarme dich meiner!" Und beim dritten Male: „Der du geboren bist aus Maria, der Jungfrau." – Und als er zum dritten Male begonnen hatte zu singen, schlug ihm alsbald der Wind die Flamme ins Gesicht, und also in sich betend und Lippen und Haupt bewegend, verschied er im Herrn. Im Augenblick der Stille aber, bevor er verschied, schien er sich zu bewegen, und zwar so lange, als man zwei oder höchstens drei Vaterunser schnell sprechen kann.

Hinrichtung des Jan Hus am 6. Juli 1415 nach Peter von Mladoniowitz, einem Landsmann des Verurteilten. Leicht aktualisierte Übersetzung aus dem Lateinischen von Josef Bujnoch, veröffentlicht in: Hus in Konstanz, S. 253–256.

Der Feuertod des Magisters Jan Hus auf dem Konstanzer Konzil 1415 wühlt die Gemüter bis heute auf und steht geradezu symbolhaft für die Intoleranz und Grausamkeit des Mittelalters. In der Tat: Hus ist als Ketzer verurteilt worden – und Glaubensabweichler hatten damals einen äußerst schweren Stand. Sie galten als Außenseiter, die mit dem Teufel im Bunde standen; um das vermeintlich Böse zu bekämpfen, erschien es der Inquisition angemessen, alle denkbaren Mittel anzuwenden und auch eine Zusage des freien Geleits zu brechen; sie hatte der römisch-deutsche König Sigismund gegeben, um Hus überhaupt erst zur Aussage vor dem Konzil zu bewegen. Gerade auch diese Umstände machen die Geschehnisse in Konstanz aus heutiger Sicht so schmerzlich und unbegreiflich. Wenngleich er durchaus ein rebellischer Geist war, stand Hus in vielem doch auf dem Boden der Kirche. Man wird insgesamt wohl auch sagen können, dass er nicht zu den originellsten Denkern des Mittelalters gehört. Da gab es andere, zum Beispiel den 1384 verstorbenen Kirchenreformer John Wyclif aus England, mit dessen teilweise radikalen Thesen sich Hus intensiv auseinandersetzte und von dem er sich an verschiedenen Punkten deutlich abgrenzte. Aber an etlichen Stellen, vor allem in seiner Kirchenlehre, stimmte er ihm auch zu und das sollte Hus ins Verderben führen. Beiden, Wyclif wie Hus, ging es um eine Reform der Kirche an Haupt und Gliedern, eine Forderung, die während des 14. Jahrhunderts häufig erhoben worden war und die mit dem Großen Abendländischen Schisma nach 1378, als es zwei, ja bisweilen sogar drei Päpste gleichzeitig gab, eine besondere Dringlichkeit erlangt hatte. Vor diesem Hintergrund spielte sich das Drama des Jan Hus ab; zu seinem Unglück bestanden aufseiten der Kirche deutlich konservativere Vorstellungen davon, wie eine solche Reform zu gestalten war.

Jan Hus stammte aus dem Dörfchen Husinec in Böhmen und wuchs in ärmlichen Verhältnissen auf. Sein genaues Geburtsjahr ist uns nicht bekannt, er dürfte um 1370 zur Welt gekommen sein. Er schlug eine klassische akademische Laufbahn ein, was damals bedeutete, nach Prag zu gehen und dort an der Artistenfakultät zunächst die sieben freien Künste zu studieren: Grammatik, Rhetorik und Dialektik, die zusammen das sogenannte Trivium bildeten, und auf einer nächsten Stufe das Quadrivium, also Geometrie, Astronomie, Arithmetik und Musik. Hus berichtete später, wie sehr ihm die Armut seiner Studentenzeit zusetzte und wie ihn die Hoffnung beflügelte, durch einen beruflichen und gesellschaftlichen Aufstieg zu Ansehen und einem besseren Leben zu gelangen. Nachdem er sein Magisterstudium abgeschlossen hatte und zum Priester geweiht worden war, nahm er im Jahr 1400 ein theologisches Studium auf, während er bereits an der Artistenfakultät Philosophie lehrte. Allerdings gelang es ihm nicht, es ebenfalls zum Abschluss zu führen und damit den Doktorgrad zu erwerben, denn er brach es nach einigen Jahren ab, vermutlich wegen der Kämpfe, in die er sich verstrickte. 1402 wurde er als Prediger und zugleich als Rektor an die Prager Bethlehemskapelle berufen, an der er bis in die Zeit seines Exils hinein wirkte. Sie war 1391 von einem böhmischen Kaufmann gestiftet worden, um dort Predigten in tschechischer Sprache zu ermöglichen, und bot der großen Zahl von 3.000 Menschen Platz. In den folgenden Jahren der ständigen Laienpredigt begann Hus sich für eine Kirchenreform zu begeistern und nahm dafür das Denken des John Wyclif auf, der sich für die Enteignung der Kirche, gegen das Papsttum, gegen die Klöster, gegen den Ablasshandel ausgesprochen hatte und dabei, man ahnt es, auf massiven Widerstand gestoßen war. Erstmals hatte 1382 eine englische Synode 24 Lehrsätze Wyclifs verworfen, sein früher Tod kam einer weiteren Verurteilung wegen Häresie zuvor. Diese erwirkten seine Gegner 1415 auf dem Konstanzer Konzil und noch 1428, mehr als 40 Jahre nach seinem Ableben, ließen sie seine Gebeine exhumieren und verbrennen. Dimensionen seiner Theologie standen zur Debatte, die als besonders frevelhaft empfunden wurden: So hatte sich der Oxforder Weltgeistliche von der herrschenden Abendmahlsauffassung, der sogenannten Transsubstantiationslehre, wonach sich Brot und Wein während der Eucharistie wahrhaft in Christi Leib und Blut verwandeln und nur noch äußerlich Brot und Wein bleiben, deutlich abgegrenzt. Brot und Wein bleiben für ihn auch in der Substanz tatsächlich Brot und Wein – Christi Leib und Blut symbolisieren sie höchstens noch figürlich. Von hier aus war der Weg zur späteren reformierten Lehre der Schweizer Zwingli und Calvin nicht mehr ganz so weit: Ihnen galt das Abendmahl als reines Gedächtnismahl, in dem Christus präsent sein kann, es aber keineswegs muss, denn der Geist Gottes weht, wo er will und wann er will. Brot und Wein sind Brot und Wein und nichts anderes. So weit eilte die theologische Entwicklung mehr als ein Jahrhundert vor dem Ausbruch der Reformation sicher noch nicht voraus, aber das Kommende scheint in den Konzepten vor allem des Wyclif bereits an verschiedenen Stellen auf. Dessen von der Kirche als grober Irrtum gebrandmarkte Abendmahlslehre hat sich Hus zwar nie zu eigen gemacht, aber wegen seiner theologischen Nähe zum Engländer sollte man sie ihm während seines Prozesses später ebenfalls zur Last legen.

Woran der Böhme aber zunehmend Gefallen fand, war Wyclifs Kirchenkritik. Sie nahm mit beißender Schärfe die bestehenden Verhältnisse aufs Korn und rechnete mit der sittlichen Verdorbenheit und dem Reichtum zahlreicher Geistlicher bis hinauf zum Papst ab. Im Fokus stand dabei insbesondere der Ablasshandel, die Sündenvergebung gegen Geld, die später auch Luther umtreiben sollte. Hus ging mit Wyclif von der Idee der wahren Kirche der Prädestinierten, der von Gott zum Heil Vorgesehenen aus, deren Haupt Christus und nicht der Papst sei. In der irdischen Kirche sahen sie keineswegs nur gute Christen, sondern ebenfalls Glieder des Teufels, von Gott Verdammte sich tummeln, die auch höhere Geistliche sein konnten, ja sogar der Papst selbst. Beide Gruppen werden erst im göttlichen Endgericht voneinander geschieden. Zu dieser Kirchenlehre passen die ethisch rigorose Haltung und die Argumentation mit der Bibel als weitere Kennzeichen der Theologie des Hus sehr gut. Dass die Sakramente, die ein unwürdiger, also in Todsünde lebender Priester spendet, ungültig seien, wie er betonte, war ein Gesichtspunkt unter mehreren anderen, die ihn von der Kirche entfernten und später zu seiner Verdammung führen sollten.

Nachdem seine reformerischen Gedanken und seine lebendigen Predigten in der Bethlehemskapelle lange Zeit auf Sympathien auch beim böhmischen König Wenzel und dem Prager Erzbischof Zbynek gestoßen waren, wendete sich das Blatt allmählich. Durch seine immer größere Nähe zu Wyclif zog Hus den Missmut des Erzbischofs auf sich und musste er 1409 ein erstes Verhör über sich ergehen lassen, in dem er sich noch rechtfertigen konnte. Nachdem Papst Alexander V. im Dezember des Jahres entschiedene Schritte gegen den Wyclifismus in Böhmen verlangt hatte, kam es Mitte 1410 zu ersten Maßregelungen: Dazu gehörten ein Predigtverbot, das vor allem Hus traf, weiter eine Verbrennung der Schriften Wyclifs und sogar der Bannstrahl der Exkommunikation gegen Hus und seine Anhänger. Die Betroffenen waren fürs Erste also aus der Kirchengemeinschaft ausgeschlossen, jedenfalls aus der, die Alexander V. respektive sein Nachfolger Johannes XXIII. repräsentierten, was in jener Zeit der Spaltung aber erst einmal nicht allzu viel zu sagen hatte. An dieser Stelle nun wirkte sich Hussens Kirchenverständnis sehr praktisch aus: Der reformbedürftigen, verdorbenen irdischen Kirche braucht der wahre Gläubige nicht zu gehorchen. Hus ignorierte das Predigtverbot – wie er auch einer Vorladung nach

Rom keine Folge leistete, wenngleich er Stellvertreter sandte. Deswegen bestätigte der Papst den Bann im März 1411, aber schlimmer noch: Über Prag wurde bald das Interdikt verhängt. In der Stadt durften vorerst keine Gottesdienste mehr gefeiert und keine Sakramente mehr gespendet werden, was die Menschen als sehr hart empfanden.

1412 spitzte sich die Lage weiter zu. Nachdem Johannes XXIII. (dessen Pontifikat später für ungültig erklärt wurde, weshalb es diesen Papstnamen im 20. Jahrhundert ein weiteres Mal geben konnte) einen Kreuzzug gegen den politischen Schutzherrn des konkurrierenden Papstes samt Ablass zur Finanzierung in Prag ausgerufen hatte, bezog Hus lebhaft Stellung dagegen. Die Sünden der Gläubigen sollten also gegen Geld vergeben werden und der Ertrag daraus in ein höchst fragwürdiges militärisches Abenteuer fließen (das dann aber nie stattfand); darüber empörte sich Hus und deswegen legte er sich auch mit seinen Universitätskollegen an, die das Recht der Kirche zur Sündenvergebung in welcher Form auch immer nicht einschränken wollten. Wie sehr sich der Konflikt hochschaukelte, beweist die Hinrichtung von drei jungen Männern, die die Posse dieses Ablasses schlicht und ergreifend als Betrug bezeichnet hatten. Im Herbst schleuderte Rom den großen Kirchenbann gegen Hus, was diesen wiederum dazu bewog, an Christus als gerechtesten Richter zu appellieren und ihn als wahre Autorität gegen die sündhafte Kirche zu stellen. Er musste nun allerdings Prag verlassen, weil die Situation zu gefährlich für ihn geworden war – ohne den Schutz des Königs und der Universität und mit schwindender Gefolgschaft bedeutete diese Situation eine schwere Niederlage für ihn. Jeder Kontakt mit ihm war nun verboten, man hätte ihn gefangen nehmen können, an seinem Aufenthaltsort musste jeder Gottesdienst unterbleiben, ja im Falle seines Todes hätte er keinen Anspruch auf ein Begräbnis gehabt und wenn es doch erfolgt wäre, hätte man ihn exhumieren müssen. Zunächst zog er sich in die Nähe der Stadt zurück und konnte sich dort bei Bedarf, wenn auch unter erheblichem Risiko, noch sehen lassen und predigen. Später lebte er in Süd- und Westböhmen auf verschiedenen Burgen von Adligen, die ihn schützten. Die Zeit des Exils nutzte er ähnlich wie Luther für eine intensive literarische Tätigkeit; neben einigen kleineren Schriften vollendete er vor allem sein bedeutendstes Werk: „De ecclesia", „Über die Kirche".

Im September 1414, also nach knapp zwei Jahren des Exils, hatte Jan Hus dem römisch-deutschen König Sigismund, dem Halbbruder des böhmischen Königs Wenzel, die Zusage gegeben, auf dem großen Reformkonzil in Konstanz zu erscheinen und dort seine Ansichten einer Prüfung zu unterziehen – sofern er sicheres Geleit in die Stadt am Bodensee erhalte und seine Lehre dort öffentlich verteidigen dürfe. Diese Sicherheiten erhielt er von Sigismund. So traf Hus Anfang November 1414 in Konstanz ein. Und doch geschahen bald Dinge, die mit einer Zusage freien Geleites überhaupt nicht in Einklang zu bringen waren, denn feindliche Kardinäle initiierten eine intensive Propaganda und ließen den böhmischen Prediger schon Ende des Monats kurzerhand festnehmen. Der in Konstanz bereits anwesende Johannes XXIII. gab dazu unter Druck sein Einverständnis, wie es überhaupt ein Bestreben des Kardinalskollegiums war, ihr Konzil gegen das unglaubwürdig gewordene Papsttum in Stellung zu bringen. König Sigismund war in diesen Schritt nicht eingebunden, denn er hielt sich zu diesem Zeitpunkt noch gar nicht in der Stadt auf und soll das Vorgehen zunächst schroff missbilligt haben, als er davon erfuhr. Später arrangierte er sich damit, weil das Scheitern des ganzen Konzils drohte, für das gerade er als Schirmherr sich so eingesetzt hatte. Nunmehr interpretierte er seine Zusage als gültig, solange Hus die Chance hatte, seine angeblich ketzerischen Auffassungen zu widerrufen. Von Dezember an saß der vermeintliche Delinquent im Dominikanerkloster in harter Haft, die ihn krank machte. Damit war aus dem streitbaren Geist, der sich freiwillig und frei dem Bekenntnis, dem Diskurs und der Verantwortung stellt, unversehens ein Gefangener geworden, der tief in einem Inquisitionsverfahren steckte. Und das nahm nun seinen Lauf.

Der Prozess kreiste zunächst um Hussens Haltung zu John Wyclif. Bereits früh war in der Auseinandersetzung über dessen Lehren in Prag ein Extrakt in 45 Artikeln entstanden, die in ihrer teilweise stark verkürzten Form allerdings nicht alle Aussagen des Oxforder Theologen treffend wiedergaben. Die Artikel waren dort auch 1403 verurteilt worden und wurden Hus im Dezember 1414 in Konstanz von einer vorläufigen Kommission erneut zur Stellungnahme vorgelegt. 30 von ihnen lehnte er glatt ab und bei den anderen machte er mitunter bedeutende Einschränkungen hinsichtlich Formulierung, Inhalt und Präzision geltend, was ihn jedoch nicht davor bewahrte, als Wyclifit gebrandmarkt zu werden.

Im Frühjahr 1415 wurde Hus in die Burg des Bischofs von Konstanz und danach in das Franziskanerkloster verlegt, wo er die letzten Wochen vor seinem Tod unter unmenschlichen Haftbedingungen verbringen musste. Im April nahm eine Glaubenskommission, die den Fall beurteilen sollte, ihre Arbeit auf. In ihr waren vor allem vier renommierte Köpfe vertreten: der Rektor der Universität von Paris, Jean Gerson, und die Kardinäle Petrus d'Ailly und Francesco Zabarella, alles führende Theologen ihrer Zeit, sowie nicht zuletzt ein ehemaliger Kollege und Weggefährte des Hus an der Prager Universität, Stephan Páleč. Als Wyclif-Anhänger war er 1408 ebenfalls in den Blick der Inquisition geraten, hatte sich der Vorladung nach Rom aber nicht entzogen und kehrte nach einem Jahr teilweise in Haft als Wyclif-Gegner nach Prag zurück. Im Mai 1415 verdammte diese Kommission wiederholt die Lehren Wyclifs, was als Fanal und Vorentscheidung auch in der Angelegenheit des Hus gewertet werden darf. In der Folge kam es zu drei öffentlichen und weiteren nichtöffentlichen Verhören, in denen man ihm 39 Artikel, insbesondere Passagen aus seinem Werk über die Kirche von 1413, zum Widerruf vorlegte. Doch Hus blieb hart. Einen Verteidiger hatte er nicht an seine Seite gestellt bekommen, obwohl er ihn mehrfach forderte – dies ist aus heutiger Sicht ein geradezu unfassbares Versäumnis, stimmt jedoch mit den Regeln des damaligen Inquisitionsrechts überein. So war er den Taktiken und Winkelzügen seiner Richter ausgeliefert und wurde immer weiter in Bedrängnis gebracht, während ihm ein klug argumentierender Anwalt sicherlich etliche Freiräume verschafft hätte. Dabei schreckte das Gericht auch nicht davor zurück, unlautere Methoden anzuwenden und Feinde des Angeklagten als Zeugen zu verhören oder ihn mit unrichtigen Anschuldigungen unter Druck zu setzen. Dies betraf beispielsweise die Abendmahlslehre des Wyclif, nach der Brot und Wein Brot und Wein bleiben; ihr hatte sich Hus nie angeschlossen, sie wurde ihm nun aber wie bereits erwähnt untergeschoben. Ein Beispiel aus dem Bericht seines Landmanns Peter von Mladoniowitz mag veranschaulichen, welch aufgeheizte Atmosphäre während der Verhandlungen herrschte und wie mutig und standhaft Hus seine Verteidigungslinie beibehielt:

Am 8. Juni, also knapp ein Vierteljahr, nachdem das Konzil Johannes XXIII. als Papst abgesetzt hatte, ging das Gericht die Hus zur Last gelegten 39 Artikel einzeln durch. Man gelangte zu seiner Lehre von der Unwürdigkeit sündiger Priester und verlas deren Kernsatz: „Ein Papst, Bischof oder Prälat, der in Todsünde lebt, ist kein Papst, Bischof oder Prälat mehr." Magister Hus ergänzte dazu, nicht ohne Provokation: „Auch ein König, der Todsünden begeht, ist vor Gott kein König" und belegte seine Ansicht mit einer Stelle aus dem 1. Samuelbuch. Man schrie: „Holt den König!" Sigismund war im Hintergrund im Gespräch und wurde nun hinzugezogen. Der Vorsitzende, Kardinal d'Ailly, forderte Hus auf, den Satz zu wiederholen, was dieser ohne Zögern tat. Die sonst lärmende Versammlung war totenstill, denn der Herrscher aus dem Haus Luxemburg war bekannt für seine lebensfrohen Eskapaden wie auch für seine Wutausbrüche. Nach einer Pause sagte er jedoch ganz beherrscht: „Johannes Hus, niemand lebt ohne Schuld!" D'Ailly schob in Richtung des Angeklagten hinterher: „Zuerst hast du deine Verachtung gegenüber dem geistlichen Stand gezeigt. Willst du jetzt etwa auch noch die Könige von ihrem Stand herabstoßen?" Da meldete sich Stefan Páleč erregt zu Wort und beschuldigte Hus, die Stelle aus dem 1. Samuelbuch falsch gedeutet zu haben. Es komme nicht darauf an, ob jemand als Papst, Bischof oder König ein guter Christ sei, denn das eine sei ein Amt und das andere ein Verdienst. Also bleibe ein sündhafter Papst, Bischof und Prälat auch dann ein wahrer Vertreter seines Amtes, wenn er ein schlechter Christ sei. Hus überlegte kurz und entgegnete dann: „Trifft das nicht auch auf den eben abgesetzten Johann XXIII. zu, den Ihr jetzt wieder Baldassare Cossa nennt? Wenn er wahrer Papst war, warum habt Ihr ihn dann abgesetzt?" Nun ergriff wieder Sigismund als weltlicher Schutzherr des Konzils das Wort: „Die Kardinäle haben sehr wohl festgestellt, dass Cossa legitimer Papst war. Man hat ihn wegen seiner erwiesenen Verbrechen abgesetzt. Er hat Kirchengut verschleudert." Sigismunds etwas hastige Redeweise und die Peinlichkeit dieses wunden Punktes, in den Hus raffiniert den Finger gelegt hatte, führten allerdings dazu, dass das Gericht von diesem Anklagepunkt Abstand nehmen wollte. Wenig später insistierte Hus wiederum darauf, dass er seine Lehre von den unwürdigen Päpsten und Geistlichen ausdrücklich eingeschränkt habe: Denn nur vor Gott und nach ihrem verderblichen Tun seien sie keine wahren kirchlichen Amtsträger, vor den Menschen dagegen schon. Da erhob sich ein thüringischer Mönch und mahnte, man solle sich von solch spitzfindigen Bemerkungen nicht blenden lassen. Er habe Hus ganz anders reden gehört. Und in seinen Schriften mache er diese Einschränkung ganz und gar nicht. Den Vorwurf ließ der Bezeichnete nicht auf sich sitzen: „Hast du nicht zugehört, als man sie aus meinen Schriften verlesen hat?"

Nach Abschluss des Verhörs zu den 39 Artikeln richtete Kardinal d'Ailly das Wort wieder direkt an den Angeklagten: „Zwei Wege stehen dir offen: Unterwerfe dich völlig der Gnade und dem Willen des Konzils, dann werden wir dich menschlich behandeln. Oder wenn du noch andere Artikel in einem weiteren Verhör verteidigen willst, gestehen wir es dir zu. Aber bedenke, dass du dich im Disput mit den hier anwesenden erlauchten Theologen in weitere Irrtümer verstricken könntest." Hus entgegnete: „Ehrwürdige Väter! Ich bin aus freien Stücken hierhergekommen, nicht um halsstarrig etwas zu verteidigen, sondern um mich ergeben der Belehrung des Konzils zu fügen, wenn ich mich irre. Bitte gebt mir Gehör, damit ich meine Artikel erklären kann. Wenn meine Beweise aus der Heiligen Schrift mangelhaft sind, so lasse ich mich demütig zurechtweisen." Stimmen riefen aus dem Hintergrund: „Da schaut, wie hinterhältig er ist. Er will sich belehren lassen, anstatt sich dem Konzil zu unterwerfen." Hus: „Gott sei mein Zeuge, ich spreche aufrichtig und nicht verschlagen!" D'Ailly dagegen: „Du bist von fast sechzig Doktoren ohne eine Gegenstimme belehrt worden. Erkenne deine Irrtümer endlich an, schwöre, dass du sie nie mehr predigen wirst, und bekenne fortan öffentlich das Gegenteil! Andernfalls weißt du, welcher Tod auf dich wartet." (Darstellung nach Peter von Mladoniowitz mit Richard Friedenthal)

Die Entscheidung, zu der man Hus also ultimativ drängte, hieß: genereller Widerruf. Er aber bestand darauf, auf der Grundlage der Bibel im Einzelnen widerlegt zu werden, und berief sich, ähnlich wie Luther dies hundert Jahre später auch tun sollte, auf sein Gewissen. Das Tribunal ließ sich darauf nicht ein, versuchte mit zunehmender Dauer aber, Hus eine Brücke zu bauen, indem es die inkriminierten Artikel aus dessen Werk reduzierte. Es wollte in jedem Fall einen Hebel gegen die Wyclif-Bewegung in Böhmen in die Hand bekommen. Hus wiederum lehnte es ab, seine böhmischen Gesinnungsgenossen preiszugeben, was im Falle eines wie auch immer gearteten Widerrufs geschehen wäre. So blieb er unerschütterlich bei seiner Position und wurde schließlich am 6. Juli 1415 als verstockter Ketzer zum Tod auf dem Scheiterhaufen verurteilt.

Die Exekution des Jan Hus noch am selben Tag ist uns aus der Feder des oben genannten Peter von Mladoniowitz nach dem Vorbild von Heiligenviten überliefert. In einem rabiaten Symbolakt legte man dem Todgeweihten zunächst die Messgewänder an und gab ihm einen Kelch in die Hand, um ihm gleich darauf alles wieder zu entreißen. Auch seine Priestertonsur wurde zerschnitten. Stattdessen erhielt er einen Ketzerhut, der mit Teufelsfratzen bemalt war. Während der unwürdigen Prozedur bekundete Hus unermüdlich seine Unschuld, wurde aber nicht mehr erhört. Nach dieser Degradation übergab ihn die Kirche dem weltlichen Arm. Seine Henker führten ihn begleitet von einer großen Volksmenge vor die Tore der Stadt und verbrannten ihn dort. Die Asche wurde in den Bodensee geschüttet.

Dem Geleitbrief des Königs stellte dieses Ergebnis ein verheerendes Zeugnis aus: Hinrichtung statt Heimreise. Bis heute bestehen unterschiedliche Ansichten darüber, wie weit das ursprüngliche Versprechen eigentlich reichte. Sigismund gegenüber hat Hus schon vor seiner Reise die Bereitschaft zu erkennen gegeben, notfalls auch den Tod auf sich zu nehmen. Demnach kann er nicht davon ausgegangen sein, Konstanz in jedem Fall als freier Mann wieder zu verlassen. Aber die Indizien dafür, dass das Geleit zusätzlich zur Anreise den unbehelligten Aufenthalt in Konstanz wie auch eine sichere Rückkehr nach Prag garantierte, sind stärker: Der Text der königlichen Urkunde nennt ausdrücklich alle drei Aspekte und darauf beriefen sich nach der Gefangennahme Hus selbst und die böhmischen Adligen, die ihn begleiteten. Das entscheidende Problem liegt in der Ketzerfrage: Muss gegenüber einem Häretiker, nach der Auffassung der Zeit mit dem Bösen im Bunde, überhaupt eine Zusage eingehalten werden? Das kanonische Recht entband ausdrücklich von allen Verpflichtungen gegenüber Ketzern, ja ermutigte gerade dazu, sie mit falschen Versprechungen anzulocken und zu bestrafen. Darauf wiesen Hussens Feinde auch hin. Sigismund musste mit zunehmender Dauer des Prozesses einsehen, dass seine eigene Position immer schwieriger wurde, je mehr sich Hus auf seine Abwehrhaltung versteifte – am Schluss konnte er sich nur durch eine eigene deutliche Distanzierung von dem starrsinnigen böhmischen Prediger vor dem Verdacht retten, mit einem Ketzer unter einer Decke zu stecken. Erst recht galt das, nachdem Hus in dem oben zitierten Verhör so weit gegangen war, die Rolle weltlicher Herrscher in Frage zu stellen, was als

Aufstandsdelikt gewertet werden konnte (Rudolf Hoke). Wahrscheinlich hat sich Sigismund in der ganzen Angelegenheit einfach gewaltig verschätzt. Denn dass Hus derart verbissen an seiner Auffassung festhalten und dafür schließlich auch in den Tod gehen würde, damit hatte niemand gerechnet, am wenigsten der König selbst nach den guten Prognosen, die ihn zunächst aus Prag erreicht hatten. Da er sich als Schirmherr des Konzils in einem höchst komplexen Kraftfeld bewegte und jeder Schritt über den Erfolg anderer mitentschied, musste er Hus am Ende trotz des Geleitbriefes dahingeben. Ein Scheitern des Konzils, das zugleich auf dem Spiel stand und angesichts des Schismas fatale Folgen für ganz Europa gehabt hätte, wäre aus seiner Sicht weit verderblicher gewesen als die Exekution eines halsstarrigen Ketzers.

Aber auch das, was folgte, war Schrecken genug. Die Böhmen nahmen Sigismund das gebrochene Geleit ausgesprochen übel. Non convictus et non confessus, nicht überführt und nicht geständig, lautete die griffige Formel, auf die die Adligen ihren Protest brachten. Ein Anklagebrief mit 452 Siegeln nach Konstanz zeigt das Echo, das der gewaltsame Tod des Jan Hus in Böhmen hervorgerufen hat. Vier Jahre später, 1419, nach dem Ableben seines Halbbruders Wenzel, spielte Sigismunds Verhalten in der Causa Hus eine erhebliche Rolle dabei, dass die Böhmen sich weigerten, ihn zu ihrem neuen König zu wählen. Die Hussitenkriege, die nun losbrachen und Mitteleuropa für gut 15 Jahre in Atem hielten, waren jedoch keineswegs ein zwangsläufiges Resultat des Konstanzer Urteils oder der Haltung des Königs während des Prozesses, sondern lassen sich nur aus der Entwicklung seither verstehen. Und sie hatten auch mit dem, dessen Namen sie trugen, nicht mehr viel gemeinsam. Die Hussiten schrieben sich als ihre entscheidende Forderung den Laienkelch auf die Fahnen, wobei Gläubige in der Eucharistie nicht nur die Hostie gereicht bekommen sollten, wie dies in der römischen Kirche bis zum heutigen Tage der Fall ist, sondern auch den Kelch. Was später der Protestantismus zur Selbstverständlichkeit gemacht hat, ging also nicht auf Hus zurück, aber er hatte von der Forderung der Bewegung, die sich auf ihn berief, noch erfahren und unterstützte sie. Den Krieg in seinem Namen hätte er dagegen sicher nicht gebilligt.

Die Reformation des 16. Jahrhunderts sah den Märtyrer des 15. als ihren Vorläufer an. Auch wenn die Theologie des Hus bei Weitem noch nicht so differenziert war wie die der Wittenberger oder der Schweizer und Hussens Kirchenlehre als sehr stark von Wyclif geprägt erscheint – die Kritik am Zustand und manchen Praktiken der Amtskirche ihrer Zeit eint den Böhmen mit seinen Nachfolgern. Der bedeutendste Unterschied besteht jedoch im äußeren Erfolg ihres Auftretens: Während Hus seine Standhaftigkeit mit dem Leben bezahlen musste, blieb Luther dieses Schicksal, das ihm unbedingt gedroht hätte, wäre man seiner nach dem Wormser Edikt 1521 habhaft geworden, glücklicherweise erspart. Er hatte das, was man braucht, wenn man sich, modern gesprochen, mit dem Establishment anlegt, dessen materielle Basis bestreitet und dabei nicht in einem ungleichen Kampf vernichtet werden will: sehr starke Verbündete, zum Beispiel seinen Kurfürsten Friedrich den Weisen. Die böhmischen Adligen, die auf Seiten des Hus standen, bildeten kein adäquates Gegengewicht gegen die Gewalt der Kirche, die seine Reformforderungen als Angriff auf ihre materiellen und geistigen Grundlagen sah. Ein Jahrhundert später, als Luther ähnlich wie Hus gegen den Ablasshandel aufstand und das Papsttum grob beschimpfte, bestand in mancher Hinsicht bereits eine ganz andere Situation. Dazu zählt unter anderem, dass die Reformatoren den Buchdruck und damit eine Form von Öffentlichkeit auf ihrer Seite hatten, auf die sich Hus noch nicht stützen konnte. Das Entscheidende dürfte dabei aber sein, dass im 16. Jahrhundert etwas herangereift war und eine ausreichend starke Kraft erlangt hatte, was im 15. noch Zeit brauchte: die Freiheit von Individualität und unangepasstem Denken. Der Tod des Jan Hus steht bis heute für den Kampf gegen die Unterdrückung des Gewissens.

Rivalität bis aufs Blut: Die Morde an Ludwig von Orléans und Johann Ohnefurcht (1407/1419)

Johann, der Herzog von Burgund, ging weiter, bis er den Dauphin erreichte, der vollständig bewaffnet war, das Schwert umgürtet, und an einer Barriere lehnte. Um ihm die Ehre zu erweisen, beugte Johann vor ihm ein Knie und grüßte ihn demütig. Darauf entgegnete der Dauphin jedoch nichts und zeigte ihm auch nicht den geringsten Beweis von Zuneigung. Im Gegenteil rügte er ihn dafür, dass er seine Zusage nicht eingehalten und gegen die Engländer nicht Krieg geführt und außerdem seine Truppen auch nicht wie versprochen aus den Garnisonen entlassen habe. Da nahm Messire Robert de Loire Johann am Arm und sagte zu ihm: „Erhebt Euch, Ihr seid zu ehrerbietig." Der Herzog, der wie erwähnt ein Knie auf den Boden gebeugt hatte, hatte sein Schwert umgürtet; da das beim Hinknien aber zu weit nach hinten gerutscht war, schob er es mit der Hand etwas nach vorne in eine angenehmere Position. Da schrie Messire Robert: „Was, Ihr legt in Gegenwart des Herrn Dauphin Eure Hand an das Schwert!" Bei diesen Worten näherte sich ihm Messire Taneguy du Châtel von der anderen Seite und gab das Signal mit dem Ruf: „Es ist so weit!" Da schlug er dem Herzog mit einer Streitaxt, die er in der Hand hielt, so wuchtig mitten ins Gesicht, dass er auf die Knie fiel, und hieb ihm das Kinn ab. Daraufhin wollte der Herzog sein Schwert ziehen und versuchte sich aufzurichten, um sich zu verteidigen. Aber sofort versetzten ihm Taneguy und einige andere mehrere Hiebe und schlugen ihn tot zu Boden.

Die Ermordung des Herzogs Johann Ohnefurcht von Burgund durch Gefolgsleute des Dauphins, des späteren Königs Karl VII., nach der Chronik des burgundischen Historiographen Enguerran de Monstrelet. Übersetzung aus dem Mittelfranzösischen. Originaltext bei Douët-d'Arcq, La chronique d'Enguerran de Monstrelet, Bd. III, S. 343.

Die nächsten beiden (oder genau genommen drei) Kriminalfälle gehören in gewisser Weise zusammen, denn sie führen uns alle in ein sehr dunkles Zeitalter, in die Epoche des Hundertjährigen Krieges zwischen England und Frankreich.

Im zeitlichen Ablauf liegen das Auftreten und die Hinrichtung der Jeanne d'Arc zwischen 1429 und 1431 am spätesten. Mit ihr beschäftigen wir uns deshalb erst im folgenden Kapitel und werfen zunächst einen Blick auf die Verhältnisse in Frankreich an der Wende vom 14. zum 15. Jahrhundert und die Umstände zweier sehr folgenreicher politischer Morde. Johann Ohnefurcht, der Herzog von Burgund, wurde im Jahr 1419 umgebracht. Diese Tat ist ohne den Mord an Ludwig von Valois, den Herzog von Orléans und Bruder des französischen Königs Karl VI., zwölf Jahre zuvor nicht verständlich. Diese Ereignisse wurzeln wiederum tief in den Rivalitäten, die in der Zeit jenes Hundertjährigen Krieges entstanden sind. In ihm ging es kurz gesagt um die Frage, wer den König von Frankreich stellen durfte, nachdem die alte Dynastie der Kapetinger 1328 im direkten Mannesstamm ausgestorben war – sollte das der Cousin des letzten Königs sein, Philipp VI. aus der Nebenlinie der Valois, oder war nicht doch der englische König Eduard III. erbberechtigt, dessen Mutter Isabella eine Schwester des letzten Königs war? Um diese Frage kreisten die Auseinandersetzungen ganze 116 Jahre lang, also auch noch lange nachdem die ursprünglichen Protagonisten das Zeitliche gesegnet hatten. Hinzu kam später noch ein innerfranzösischer Bürgerkrieg, der sich mit dem Hundertjährigen Krieg verschränkte.

Doch beginnen wir in unserem Doppelkriminalfall von vorne. Am Anfang stand der überraschend frühe Tod eines Königs von Frankreich, Karls V., im Jahre 1380, mitten in einer sehr schwierigen Situation seines Königreiches im Krieg, bei sehr angespannten Finanzen und ständig steigenden Steuern. Die Nachfolge trat sein minderjähriger Sohn an, Karl VI. Die Vormundschaft für ihn übernahmen seine Onkel, drei Brüder seines Vaters und einer seiner ebenfalls schon verstorbenen Mutter, von denen sich Philipp der Kühne als Vorsitzender des Regentschaftsrates durchsetzte und als Herzog von Burgund das größere politische Gewicht seines Landes geltend machen durfte. Er hatte einen unzähmbaren Ehrgeiz und vermochte es, sein Herzogtum um beachtliche Gebiete zu vergrößern, vor allem um das reiche Flandern, wodurch Burgund allmählich eine herausragende Position gewann – unter ihm begann das „burgundische Jahrhundert“ mit seiner sagenhaften höfischen Kultur, das erst wieder endete, als das Land durch Heirat teilweise an die Habsburger fiel. Er lenkte die Geschicke Frankreichs in den folgenden Jahren und ließ nebenbei eine Menge Geld aus der Staatskasse in sein Herzogtum fließen, aber auch die anderen Onkel standen ihm darin nicht nach. Philipp der Kühne geriet ab Mitte der 1380er-Jahre in immer stärkeren Streit mit dem jüngeren Bruder Karls, Ludwig von Valois, der darauf drängte, dass Karl nun nicht mehr unter dem Daumen des Rates der Onkel stehen, sondern selbstständig regieren sollte. Das erreichte er dann auch 1388, als der Regentschaftsrat dem jungen König mit 20 Jahren die Volljährigkeit zugestand.

In den ersten vier Jahren seiner Herrschaft war Karl erfolgreich und äußerst beliebt im Volk – bis eine Katastrophe geschah. Im Sommer 1392 hatte er bei der Jagd im Wald eine merkwürdige Erscheinung: Ein Mensch in Lumpen sprang vor ihm plötzlich aus dem Gebüsch, nahm sein Pferd am Zügel und rief, dass er verraten werde. Und verschwand gleich darauf wieder. Man fühlt sich dabei ein wenig an gewisse Novellen von Franz Kafka erinnert. Karl wurde auf dieses Ereignis hin aggressiv, begann regelrecht zu rasen, sogar Begleiter zu töten und auch seinen Bruder mit dem Schwert anzugreifen. Von da an litt er unter einer schweren psychischen Krankheit, die ihn in immer wiederkehrenden Phasen außer Gefecht setzte und von der man heute annimmt, dass es sich um eine paranoide Form von Schizophrenie handelte. Bis 1415 hatte er häufig auch klare Phasen, in denen er seinen Regierungsgeschäften nachging, aber die letzten Jahre seines Königtums lebte er in geistiger Umnachtung. Nun, 1392, trat also wieder der Regentschaftsrat der Onkel in Aktion, allerdings mit einem wichtigen Unterschied: Karls Bruder Ludwig, der in der Zwischenzeit Herzog von Orléans geworden war, übernahm die führende Position darin. Ludwig von Orléans war nicht weniger ehrgeizig als sein Onkel Philipp von Burgund, heiratete eine Tochter des Herzogs von Mailand aus der altehrwürdigen Familie der Visconti, tummelte sich auf dem komplizierten italienischen Parkett und geriet darüber in heftige Rivalität mit dem burgundischen Zweig der Königsfamilie. Zwar fanden die beiden Streithähne zunächst doch immer wieder Kompromisse, aber nach dem Tod Philipps des Kühnen 1404 eskalierte der Konflikt. Denn Ludwig traf für seinen oft regierungsunfähigen Bruder Entscheidungen, die den burgundischen Einfluss am Pariser Hof massiv beschnitten, ja Burgund von der Königsherrschaft ausschlossen. Besonders provozierend war, dass nun keine Gelder mehr an den burgundischen Hof nach Dijon fließen sollten. Hauptbetroffener war Philipps Sohn Johann, der sich wahrscheinlich schon bei einem Kreuzzug gegen die Türken 1396 den Beinamen „Ohnefurcht" erworben hatte. Er sah sich nun auf die von seinem Vater erworbenen Gebiete im Osten des Königreiches Frankreich, von der flandrischen Ostsee bis ungefähr auf die Höhe des Genfer Sees, zurückgeworfen. 1405 marschierte Johann Ohnefurcht mit seinem Heer nach Paris, doch konnten die Kontrahenten eine Eroberung der Stadt noch abwenden. Aber Johann wagte bald etwas Ungeheuerliches: Am 23. November 1407 ließ er seinen Gegenspieler Ludwig in Paris auf offener Straße kurzerhand ermorden. Das Opfer war am Abend überraschend zum König gerufen worden. Auf dem Weg zu dessen Residenz zogen ihn Unbekannte plötzlich vom Pferd und schlugen mit Schwertern und Äxten auf ihn ein. Ermittlungen zu den Hintergründen der Tat erwiesen sich als überflüssig, denn Johann scheute sich nicht, zwei Tage danach vor dem Herzog von Berry zuzugeben, dass das Verbrechen in seinem Auftrag geschehen war. Parteigänger Johanns wie der Theologe Jean Petit, der an der Sorbonne lehrte, rechtfertigten die Tat als Tyrannenmord, denn Ludwig habe selbst König werden wollen und deswegen seinen Bruder verhext. Karl VI. ließ sich davon beeindrucken und begnadigte Johann, der an die Schalthebel der Macht in Paris vorrückte, wo bereits sein Vater jahrzehntelang gesessen hatte. Und er nutzte diese Position, um nach und nach alle Parteigänger Ludwigs aus seinem Umkreis zu entfernen, mit der Begründung, er müsse die Korruption bekämpfen.

So verbündete sich der Sohn des Ermordeten, Karl von Orléans (nicht zu verwechseln mit dem Thronfolger Karl VII.), mit einigen anderen Herzögen und begründete im April 1411 in einem Schloss an der Loire die Partei der Armagnacs, deren Führung sein Schwiegervater Graf Bernhard von Armagnac übernahm. Sie befanden sich nun im offenen Konflikt mit der burgundischen Partei, den Bourguignons. Hier haben wir mit nichts weniger zu tun als der Konstellation eines Familienkrieges, eines Bürgerkrieges in Frankreich, der den Hundertjährigen Krieg mit England noch überlagert hat. Es lässt sich leicht vorstellen, dass sich bei drei Parteien auf der großen Kriegsbühne zwei einander näherkommen und die dritte das Nachsehen hat; dies ist auch das Schema dieses Bürgerkrieges. Entweder verbündeten sich die Bourguignons mit England gegen die Armagnacs oder die französischen Parteien wandten sich offen gegen allzu direkte Forderungen aus London. Und selbst in London gab es unterschiedliche Tendenzen, mit wem man sich einlassen und wen man bekämpfen sollte.

Der französische König war jetzt nur noch eine Marionette, als eigentlicher Beherrscher Frankreichs hatte sich Johann Ohnefurcht durchgesetzt, obwohl er durch einen von den Armagnacs angezettelten Volksaufstand in Paris 1413 wieder aus der Hauptstadt vertrieben worden war. Diese Schwäche nutzte der neue englische König Heinrich V. und landete im Sommer 1415 mit einem Heer in der Normandie. Karl VI. stellte sich der Schlacht; Johann hatte zwar einige Kontingente geschickt, griff aber selbst nicht ein. Bei Azincourt erlebte Frankreich eine der furchtbarsten Niederlagen in seiner Geschichte, in der Tausende seiner Ritter fielen.

Nach dieser Katastrophe ging Johann Ohnefurcht praktisch ein Bündnis mit England ein und landete einen ganz besonderen Coup: Die Frau des im Wahn vor sich hin dämmernden Königs, Isabeau de Bavière, eine Wittelsbacherin aus Bayern, ging zu ihm über, eine bittere Niederlage für die Armagnacs, die Paris und seine Umgebung terrorisierten. Zudem gelang es ihm, viele Städte nördlich der Seine auf seine Seite zu ziehen und schließlich die Hauptstadt zurückzuerobern. Dort richtete er ein entsetzliches Blutbad unter seinen Feinden an, die freilich kaum zarter besaitet waren. Die Armagnacs sammelten sich allerdings wieder um den Sohn des kranken Noch-Königs, Karl VII., den Thronfolger, in Bourges in Zentralfrankreich, ungefähr 250 Kilometer südlich von Paris. Dort bauten sie eine Verwaltung auf und machten die Provinzstadt zum provisorischen Regierungssitz.

In der Zwischenzeit kehrte Heinrich V. aus England in die Normandie zurück und versuchte seinerseits sein großes Ziel zu erreichen: König von Frankreich zu werden. Er verhandelte mit beiden französischen Parteien und stellte ansehnliche Gebietsforderungen, die beide ablehnten, ja sie sogar untereinander wieder eine Annäherung suchen ließen. Karl schlug ein persönliches Treffen mit Johann Ohnefurcht vor, das am 10. September 1419 bei Montereau an der

Seine knapp 100 Kilometer südöstlich von Paris auch stattfand. Dabei wählten die Gesprächspartner eine Brücke als neutralen Treffpunkt aus und grenzten die Verhandlungszone mit starken Barrieren ab. Bedenken einiger seiner Berater, Johann sei bei Schwierigkeiten von seinen Gefolgsleuten abgeschnitten, wischte er beiseite. Die zehn Begleiter, die auf jeder Seite zugelassen waren, ließen die Gefahr einer Falle als beherrschbar erscheinen. Zu beiden Seiten des Flusses lagerten zudem große Truppenverbände. Nachdem sich die Parteien auf der Brücke eingefunden und nur wenige Worte gewechselt hatten, geschah dennoch das Unglaubliche: Einer von Karls Begleitern zückte eine Streitaxt und schlug Johann Ohnefurcht den Schädel ein! Der Thronfolger erbleichte vor Entsetzen und wurde von einem Begleiter weggezogen, während die Burgunder die Flucht ergriffen. War es nun Notwehr in einem plötzlich entstandenen Gerangel, wie die Seite Karls behauptete, oder doch ein sorgfältig geplantes Attentat, wovon die Burgunder fest überzeugt waren? Alle Anzeichen weisen darauf hin, dass hier Rache für den Tod Ludwigs von Orléans genommen wurde, was juristisch ebenso ungesühnt geblieben ist wie die Bluttat von 1407. Dieser Mord versetzte den Burgundern einen schweren Schlag, war aber im Grunde das folgerichtige Resultat eines wahrhaft blutigen Konfliktes. Hätte Johann Ohnefurcht die Oberhand in den Auseinandersetzungen behalten, so hätte auch er wenig Federlesens mit seinen Feinden gemacht, und das erst recht mit dem Thronfolger. Ein neueres französisches Werk über diesen Herrscher trägt den Titel „Der mörderische Fürst". In jedem Fall haben die beiden Morde an Ludwig von Orléans und Johann Ohnefurcht fatale Folgen nach sich gezogen, die Gräben vertieft und erheblich dazu beigetragen, dass sich der Hundertjährige Krieg schier endlos dahinschleppte.

Vom Frieden war das Land nun weiter entfernt denn je und in der großen Erbitterung der burgundischen Partei kam es zu einem Vertrag, der mit so mancher Tradition in Frankreich brach. Der neue Herzog von Burgund, Johanns Sohn Philipp der Gute, die Königin Isabeau und Heinrich V. von England vereinbarten 1420 in Troyes in der Champagne, wo der sieche König residierte, einschneidende Regelungen: Heinrich sollte die Tochter Karls VI. heiraten und nach dessen Tod England und Frankreich in Personalunion regieren, Philipp die Regierungsgeschäfte führen, solange Karl noch lebte. Der Thronfolger wurde als Mitwisser von Mördern geächtet und sollte die Königswürde nie erlangen dürfen.

Doch das Kalkül ging nicht auf. Heinrich starb 1422 überraschend an der Ruhr und im selben Jahr wurde Karl VI. von seinen Leiden erlöst. Damit ging der Konflikt in die nächste Runde. Frankreich war nun zerrissen zwischen zwei Königen, Karl VII. für die Armagnac-Partei, und dem nicht einmal einjährigen Sohn Heinrichs, für den sein Onkel Johann von Bedford die französische Regentschaft führte, auf burgundischer Seite. England hatte gute Aussichten, seine Positionen zu behaupten und den Krieg zu gewinnen. Aber es kam dennoch anders. Dafür verantwortlich ist auch eine sehr energische Jungfrau, die urplötzlich auf der Bildfläche erschien und den Armagnacs neuen Mut gab. Aber das ist bereits Thema des nächsten Kapitels.

Jeanne d'Arc, die Jungfrau von Orléans – ketzerisches Charisma? (1431)

Ihr, König von England, und Ihr, Herzog von Bedford, der Ihr Euch Regent des Königreichs Frankreich nennt [...], gebt dem König des Himmels sein Recht; übergebt der Jungfrau, die von Gott, dem König des Himmels, hierhergesandt wurde, die Schlüssel aller guten Städte, die Ihr in Frankreich eingenommen und denen Ihr Gewalt angetan habt. Sie ist durch Gott, den König des Himmels, hierhergekommen, um die Ansprüche des königlichen Blutes zu erheben. Sie ist ganz und gar bereit, Frieden zu schließen, wenn Ihr ihr Recht gebt und Frankreich verlasst und das bezahlt, was Ihr an Euch gerissen habt. Und Ihr, Bogenschützen, Krieger, Höflinge und andere, die Ihr vor der guten Stadt Orléans liegt, geht in Gottes Namen in Euer Land zurück; und wenn Ihr das nicht tut, wartet auf Nachrichten von der Jungfrau, die sich Euch zu Eurem Verderben zeigen wird. König von England, wenn Ihr das nicht tut, lasst Euch gesagt sein, ich bin Kriegsherr und wo auch immer ich Eure Leute in Frankreich zu fassen bekomme, werde ich sie verjagen, ob sie wollen oder nicht; und wenn sie nicht gehorchen, werde ich sie alle umbringen. Aber wenn sie gehorchen, werde ich ihnen gnädig sein. Ich bin von Gott, dem König des Himmels, gekommen, um Euch Mann für Mann aus ganz Frankreich hinauszutreiben [...]. Glaubt bloß nicht, dass Ihr das Königreich Frankreich von Gott, dem König des Himmels, dem Sohn der heiligen Maria, erhalten habt. König Karl, der rechtmäßige Erbe, wird es vielmehr bekommen; denn so will es Gott, der König des Himmels. Dem König wurde es von der Jungfrau offenbart und er wird erfolgreich in Paris einziehen. Wenn Ihr der Botschaft von Gott durch die Jungfrau nicht glauben wollt, so werden wir Euch an jedem beliebigen Ort schlagen; und wenn Ihr uns nicht Recht gebt, erheben wir ein so großes Kriegsgeschrei, wie man es in Frankreich seit tausend Jahren nicht mehr gehört hat. Glaubt fest daran, dass der König des Himmels an der Jungfrau und ihren tapferen Kriegsleuten mehr Kraft finden wird, als Ihr mit all

Euren Angriffen abwehren könnt. Daran wird man erkennen, wer das bessere Recht hat – der Gott des Himmels oder Ihr. Herzog von Bedford, Euch bittet die Jungfrau und fordert Euch auf, Euch nicht selbst zu zerstören. Wenn Ihr Euch dem Recht fügt, so könnt Ihr an den Ort gelangen, wo die Franzosen die schönste Tat vollbringen werden, die je für die Christenheit ausgeführt wurde. Und teilt uns mit, ob Ihr in der Stadt Orléans Frieden schließen wollt; wenn Ihr das nicht wollt, werdet Ihr es bald zu Eurem sehr großen Schaden bereuen. Geschrieben am Dienstag der Heiligen Woche.

Brief der Jeanne d'Arc an die Engländer, die die Stadt Orléans belagerten, vom 22. März 1429. Übersetzung aus dem Mittelfranzösischen. Originaltext bei Quicherat, Procès de condamnation et de réhabilitation, Bd. V, S. 96–98.

Jeanne d'Arc war eine außergewöhnliche Persönlichkeit. Dies lässt sich schlaglichtartig an einer Warnung erkennen, die sie während ihres Inquisitionsprozesses im Jahr 1431 an den Vorsitzenden des Gerichts aussprach: „Ihr nennt Euch meinen Richter. Ich weiß nicht, ob Ihr es seid. Aber hütet Euch, dass Ihr nicht übel richtet. Ihr würdet Euch in große Gefahr begeben. Ich mache Euch darauf aufmerksam, damit, wenn Unser Herr Euch dafür straft, ich meine Pflicht getan und es Euch gesagt habe." (Übersetzungen im Text nach Gerd Krumeich)In diesem berühmt gewordenen Wort ist im Kern zugleich einiges von dem enthalten, was schließlich zu ihrer Verurteilung als Ketzerin geführt hat: ihre starke individuelle Religiosität, die ihr die Heilsvermittlung der Kirche als entbehrlich erscheinen ließ, und ihr eminent selbstbewusstes Auftreten, an dem ihre Ankläger die dem Glauben angemessene Demut vermissten. Aber kann das ausreichen, einen Menschen wegen Ketzerei zu verbrennen, wie dies im Falle der Jeanne d'Arc tatsächlich geschehen ist? Sie bestand zudem darauf, Stimmen von Heiligen zu hören und von Gott gesandt zu sein, was ihr den Vorwurf einbrachte, mit dem Teufel im Bunde zu stehen. Und kriegerisch war sie wohl, aber das unterscheidet sie nicht von vielen anderen ihrer Zeitgenossen in diesem unsäglichen Krieg, den man später den Hundertjährigen genannt hat. Mit all diesen Eigenschaften ist es ihr gelungen, sogar gestandene englische Ritter in Angst und Schrecken zu versetzen. Aber nochmals: Sind das todeswürdige Verbrechen oder haben ihre Richter mit dem Urteil nicht aus Jeannes vermeintlichem Fall ihren eigenen gemacht? Wir stoßen hier in der Tat einmal mehr auf eine unüberbrückbare Diskrepanz zwischen unserem Rechtsverständnis und dem des Mittelalters, ja auf enorme Grausamkeit gegenüber einer Angeklagten, die Freund wie Feind durch ihr bemerkenswertes Charisma beeindruckt hat. Zu beachten ist dabei allerdings, dass ihr Prozess in Rouen vor dem Hintergrund des Krieges zwischen England und Frankreich und des französischen Bürgerkrieges zwischen Orléans und Burgund eindeutig politisch beeinflusst war – das hat sie das Leben gekostet und macht sie zu einer der tragischsten Figuren jener Epoche. Wenigstens hat die Kirche ihren Irrtum in diesem Fall revidiert, das Urteil von 1431 schon 1456 aufgehoben und die Jungfrau 1920 heiliggesprochen.

Jeanne d'Arc stammte aus dem Städtchen Domrémy in Lothringen, unmittelbar an der Grenze zum römisch-deutschen Reich, wo sie vermutlich 1412 als Tochter eines Bauern geboren wurde. Mit diesem Ort hatte es eine besondere Bewandtnis, denn er war zusammen mit seiner etwa 20 Kilometer entfernten Burgvogtei Vaucouleurs einer der wenigen in Nordfrankreich, die im Krieg zu Orléans, zur Partei der Armagnacs, zum Thronfolger Karl VII. aus dem Hause Valois hielten. Die Gebiete nördlich der Loire waren sonst fast ausschließlich von den Engländern beherrscht oder standen auf der Seite des mit ihnen verbündeten Burgund. Seit dem Attentat auf den burgundischen Herzog Johann Ohnefurcht 1419 und dem Vertrag von Troyes im Jahr darauf (siehe dazu das vorige Kapitel) hatte die englisch-burgundische Allianz große Teile Frankreichs in Besitz genommen. Die Hauptstadt Paris hielten Engländer und Burgunder gemeinsam. Ebenso war der französische Südwesten, die Region um Bordeaux bis hinunter zu den Pyrenäen, traditionell englisch, während der Süden überwiegend die Domäne des Dauphins Karl blieb, von der aus er sich geschickt dem feindlichen Würgegriff entzog. Es war ihm sogar gelungen, in Bourges und Poitiers eine eigene Verwaltung aufzubauen. Die Auseinandersetzungen schwelten in den 1420er-Jahren weiter, ohne dass sich eine Entscheidung abzeichnete. Wer würde siegen und sich unbestritten die Krone Frankreichs aufs Haupt setzen?

Gegen Ende dieses Jahrzehnts nun wurde jenes Städtchen Domrémy mehrfach von feindlichen Truppen heimgesucht, was das schon früh tiefreligiöse Mädchen Jeanne heftig aufwühlte. Sie sagte später aus, seit dem Alter von dreizehn Jahren Stimmen der heiligen Katharina, der heiligen Margareta und des heiligen Michael, ja von Gott selbst gehört zu haben, wonach sie dazu ausersehen sei, Frankreich zu befreien. Sie solle die Engländer aus dem Land jagen und dem Thronfolger Karl, dem Dauphin, der zwar zum König ausgerufen, aber noch nicht gültig gekrönt war, zu einer legitimen Krönung am traditionellen Ort in Reims verhelfen. Mit sehr hartnäckigem Auftreten gelang es ihr zunächst, den Hauptmann Baudricourt in Vaucouleurs dazu zu bewegen, sie im Februar 1429 zu einer Audienz beim Dauphin nach Chinon in Westfrankreich bringen zu lassen. Dieser Zug von rund 550 Kilometern durch teilweise feindliches Gebiet erregte erhebliches Aufsehen in der Bevölkerung, war also bereits ein öffentliches Ereignis. Jeanne – die selbst weder lesen noch schreiben konnte – ließ ihrem hohen Gesprächspartner auf der Reise einen Brief zukommen und bereitete ihn so schon auf ihre Ankunft vor. Von der Begegnung unter vier Augen am 24. Februar 1429 muss Karl tief beeindruckt gewesen sein – die Jungfrau hat ihm offensichtlich plausibel dargelegt, dass sie ihm nach Gottes Befehl dabei helfen solle, sein Reich von den feindlichen Besatzern zurückzuerobern. Vielleicht spielte dabei auch die damals sehr populäre Weissagung des legendären Zauberers Merlin eine Rolle, wonach eine „Jungfrau aus dem Eichenwalde" auftreten werde, um Frankreich die Freiheit zu schenken. Für die Fürsprache erwies sich Karl jedenfalls erkenntlich, indem er ihr Gemächer im Palast und einen Pagen zuwies. Aber bevor die Fremde wirklich ernst genommen werden durfte, war eine ganz entscheidende Frage zu klären: Woher kamen die Stimmen der Heiligen, auf die sie sich berief? Denn wenn der Dauphin sich mit einer möglicherweise vom Teufel besessenen Frau verbündete, hätte dies fatale Folgen für ihn und sein Königtum nach sich gezogen. Da nach damaligem Glauben eine Hexe durch Verkehr mit dem Teufel keine Jungfrau mehr sein konnte, überzeugten sich folglich Damen bei Hofe von Jeannes Jungfräulichkeit. Auch eine Theologenkommission machte nach eingehender Untersuchung keine Zweifel an ihrer Rechtgläubigkeit geltend. So fehlte nun noch der dritte und nachhaltigste Beweis, dass das Bauernmädchen aus Lothringen die Wahrheit sprach: dass sie imstande war, ihre Ankündigungen auch in die Tat umzusetzen. Und dieser Nachweis geriet zu einer Demonstration ihrer Fähigkeiten und war für die Zeitgenossen ein untrügliches Zeichen für ihre göttliche Sendung. Seit Herbst 1428 belagerten die Engländer die Stadt Orléans und standen im Frühjahr kurz vor einem Erfolg, der auch den Herrschaftsansprüchen Karls VII. den wohl entscheidenden Stoß versetzt hätte. In dieser kritischen Situation, am 22. März 1429, ließ Jeanne d'Arc von Poitiers aus den eingangs zitierten provozierenden Brief an die Engländer schreiben, in dem sie diese aufforderte, Frieden zu schließen und das Land zu verlassen. Und das Wunder geschah tatsächlich: Am 4. Mai blies das königliche Heer nach Tagen des Zögerns vor Orléans zum Angriff auf die Engländer, wobei Jeanne in vorderster Front kämpfte und sogar eine Verwundung erlitt. Aber die Engländer, die nach zwei weiteren Briefen mit ähnlicher Botschaft einen zunehmend eingeschüchterten Eindruck machten, zogen nur wenige Tage später, am 8. Mai, ab. Dieser Sieg wirkte geradezu wie ein Lebenselixier auf die müden französischen Truppen und putschte auch die demoralisierte Bevölkerung der Stadt auf, denn alles, was Jeanne d'Arc vorhergesagt hatte, war eingetroffen. Sie schien wirklich eine Gesandte des Himmels zu sein, die Frankreich retten sollte! Nun drängte sie den Dauphin unter Berufung auf ihre Auditionen dazu, schnellstmöglich durch burgundisches Gebiet nach Reims zu ziehen, um sich dort krönen zu lassen. Damit setzte sie sich gegen andere Stimmen am Hof durch, die Verhandlungen mit Burgund bevorzugten. „Bei meinem Knüppel, ich werde den guten König Charles und sein Heer bis nach Reims bringen, sicher und ohne Umwege, und dort werde ich ihn gekrönt sehen", soll sie gesagt und dabei keinen Widerspruch geduldet haben. Auf dem Weg in die alte Krönungsstadt eilte sie von Sieg zu Sieg – bei Jargeau, Patay und Troyes erlitten die Engländer weitere Niederlagen. Der symbolträchtige Einzug in Reims erfolgte am 16. Juli. Dort erlangte Karl tags darauf den „Sacre", wurde also nach der Sitte seiner Väter feierlich gekrönt und gesalbt, wobei Kürzungen und Änderungen im Ablauf der eilig vorbereiteten Zeremonie nur der besonderen Situation im Krieg geschuldet waren. Jeanne stand währenddessen am Hochaltar mit der Fahne in der Hand. Einige Quellen erzählen, dass sie danach die Knie des Königs umfasst und unter Tränen erklärt habe, der Wille Gottes sei nun erfüllt.

Aber ihr Werk war noch nicht abgeschlossen, die englischen Truppen standen noch im Land. Daher bezweckten ihre nächsten Aktionen die Befreiung von Paris. Der Angriff auf die Stadt scheiterte im September 1429 jedoch kläglich, und damit war ihr Nimbus mit einem Mal dahin. Tiefe Enttäuschung machte sich ringsum breit. Jeanne selbst gab später an, in dieser Zeit auch keine Stimmen mehr gehört zu haben. Augenscheinlich reichte ihr Auftrag nur bis zur Krönung in Reims, aber nicht darüber hinaus. Hinzu kam, dass die gemäßigte Partei am Hof, der die kriegerische Haltung der Jungfrau ein Dorn im Auge war, kurz nach dem Fehlschlag bei Paris einen wichtigen Erfolg verbuchte: einen Waffenstillstand mit den Burgundern bis zum Jahresende, der bis auf einige kleine Scharmützel auch eingehalten wurde. Am 23. Mai 1430 geschah dann das Verhängnisvolle: Als Jeanne die burgundische Belagerung von Compiègne nördlich von Paris brechen wollte, fiel sie in die Hände eines Angehörigen des Hauses Luxemburg, der sie im November gegen ein üppiges Lösegeld an die Engländer überstellte – an ihre Feinde, denen sie gedroht hatte, sie zu töten, wenn sie sich nicht aus Frankreich zurückzögen! Die Engländer wiederum übergaben sie der kirchlichen Gerichtsbarkeit. Als sie von der bevorstehenden Auslieferung erfuhr, versuchte Jeanne d'Arc durch einen Sprung aus dem Turm ihres Gefängnisses zu fliehen, verletzte sich dabei aber. Sie steckte nun in einer denkbar schwierigen Lage, zumal vom französischen König keinerlei Intervention oder Versuch einer Hilfestellung kam. Karl wirkte desinteressiert am Schicksal der Frau, der er einiges zu verdanken hatte. Möglicherweise hatten die Gemäßigten am Hof mittlerweile die Oberhand über die Vertreter eines strikten Kriegskurses gewonnen. Nach ihrer Gefangennahme wurden auch Stimmen wie zum Beispiel die von Karls Kanzler Regnault de Chartres laut, dass Jeanne auf keinen Ratschlag mehr gehört habe und hochmütig geworden sei. Man kann daher vermuten, dass der König und sein Umfeld mit der eigenwilligen Persönlichkeit der Jeanne d'Arc nur schwer zurechtkamen und deswegen auf Distanz gingen.

Im Januar 1431 begann in Rouen, der englisch besetzten Hauptstadt der Normandie, ein Inquisitionsprozess gegen die Jungfrau, in dem der Bischof von Beauvais, Pierre Cauchon, ein angesehener Geistlicher des englisch-burgundischen Lagers, den Vorsitz führte. Gleichberechtigt an seiner Seite saß der Vize-Inquisitor für das Bistum Rouen, Jean Le Maistre. Unterstützt wurden beide vom „promotor fidei", dem „Förderer des Glaubens", Jean d'Estivet, der eine ähnliche Rolle wie ein heutiger Staatsanwalt einnahm, das Anklagematerial sammelte und die Anklageschrift verfasste. Hinzu kamen etliche Beisitzer als Sachverständige, überwiegend von der Universität Paris, die intensiv in den Prozess eingebunden war. Aus dieser Konstellation heraus entwickelte sich ein dramatisches Wechselspiel: Die Geistlichen einerseits forderten von der Angeklagten absoluten Respekt vor der Kirche, ja Unterwerfung unter deren Autorität und versuchten stets, ihr einen Pakt mit dem Teufel nachzuweisen. Dabei müssen wir berücksichtigen, dass mittelalterliche Menschen häufig fest an Eingriffe aus dem Jenseits glaubten, seien sie nun göttlicher oder teuflischer Natur, und die Kirche ihre Aufgabe darin sah, das Böse zu erkennen und zu vernichten. Dass dabei die Menschlichkeit auf der Strecke blieb, ist ein Gesichtspunkt, der uns heute berührt, damals aber keine Rolle gespielt hat. Auf der anderen Seite stand eine junge Frau, die, ohne eine Schulbildung genossen zu haben, frisch, authentisch und schlagfertig nur mit dem gesunden Menschenverstand gegen alle theologische Haarspalterei ihre Ankläger ein ums andere Mal in Verlegenheit brachte. Ein Beispiel: Am 24. Februar 1431, also noch während der Verhöre in den ersten Prozesswochen, forderte Cauchon von ihr, einfach und bedingungslos zu schwören, die Wahrheit zu sagen. Da diese Aussagepflicht auch die Stimmen betraf, die sie hörte und nach denen sie gehandelt hatte, antwortete sie darauf: „Bei meiner Seligkeit, Ihr könntet mich nach Dingen fragen, die ich Euch nicht sagen werde. […] Es kann sein, dass ich auf vieles, was Ihr mich fragen könntet, Euch nicht die Wahrheit sage, besonders, was die Offenbarungen berührt; weil Ihr mich vielleicht zwingen könntet, etwas zu sagen, was ich versprochen habe, nicht zu sagen. So wäre ich eidbrüchig; und das dürft Ihr nicht wollen." Dabei waren die Machtverhältnisse ganz eindeutig: Jeanne war in ihrem dunklen Gefängnisverlies angekettet, verzichtete auf einen Verteidiger, denn der, den man ihr gestellt hätte, wäre nicht unabhängig gewesen, und sie war den Winkelzügen und mutwilligen Verdrehungen der Anklage ausgesetzt. Dazu gehörte auch, dass man ihr während des Prozesses einen Weltgeistlichen mit Namen Nicolas Loiselleur als Beichtvater zur Seite gestellt hatte, der ihr Vertrauen erwarb, es aber schmählich missbrauchte, als er Informationen aus persönlichen Gesprächen weitergab. Zudem handelte es sich hier nicht nur um einen theologischen Prozess, sondern auch um einen politischen: Die

Engländer legten Wert auf eine Verurteilung, weil sie dann sagen konnten, Karl VII. habe sich auf eine Ketzerin eingelassen, seine Siege seien also mit dem Beistand des Bösen zustande gekommen. Unter diesen Bedingungen war kein faires Verfahren möglich, so sehr sich die Theologen auch bemüht haben mochten, sich dem Druck zu entziehen und die Wahrheit zu suchen. Es bestehen jedoch erhebliche Zweifel daran, dass dies ihr Bestreben war.

Die Anklageschrift des d'Estivet umfasste zunächst rund 70 Punkte und wurde später in zwölf Punkten zusammengefasst. Vor allem die lange Version beweist, wie sehr die Anklage bemüht war, Jeanne die Worte im Munde herumzudrehen und gegen sie zu wenden. Im Mittelpunkt stand der Versuch, ihr Zauberei und schwarze Magie nachzuweisen, weil sie nur so das Heer des Königs habe zum Erfolg führen können. Dabei spielte auch eine Rolle, dass sie sich auf die Gültigkeit ihrer Auditionen berief, was die Kirche, die allein sich selbst als Mittlerinstanz zwischen Gott und Mensch anerkannte, in Frage stellte. Weiter legte man ihr Grausamkeit und Tyrannei im Kriege zur Last. Perfide war der Vorwurf der sexuellen Ausschweifung, da d'Estivet genau wusste, dass Jeanne nachweislich Jungfrau war. Zu den Anklagepunkten gehörten weiter Hochmut und Stolz sowie das Tragen von Männerkleidung, was als unschicklich empfunden wurde. In der Tat hatte die Jungfrau für die Kampfhandlungen ihre weibliche Kleidung abgelegt und trug sie erst wieder während des Prozesses, nachdem man sie darauf aufmerksam gemacht hatte, dass hier ein möglicher Verurteilungsgrund vorliege.

Schließlich billigte die Universität Paris die Anklageschrift in allen Punkten und verwarf Jeannes Argumente als ketzerisch. In dieser Situation appellierte sie an den Papst und verlangte dessen Schiedsspruch, was ihr in einem Inquisitionsprozess auch tatsächlich zustand. Dass das Gericht ihr dieses Recht vorenthalten hat, war ein schweres und bösartiges Verfahrensversäumnis. Bei der Verlesung des Urteils bekam es die junge Frau offensichtlich doch mit der Angst zu tun und zeigte sich plötzlich dazu bereit abzuschwören. Dieses Geständnis widerrief sie einen Tag später aber wieder, mit der Begründung, die heilige Margareta habe ihr den Verlust des Seelenheils angedroht, wenn sie falsche Aussagen mache, um dem Scheiterhaufen zu entgehen. Ein solcher Widerruf hatte eine klare Konsequenz, die etwa auch im Falle des

Großmeisters des Templerordens, Jacques de Molay, zum Tragen kam (siehe dazu das Kapitel über die Vernichtung des Templerordens): Hartnäckige Ketzer – und als solche galten Personen, die im Inquisitionsverfahren ein Geständnis zurückzogen – waren sofort der weltlichen Gewalt und damit dem Feuer zu übergeben. Diese formelle Übertragung wurde hier übergangen: Gleich im Anschluss an den kirchlichen Urteilsspruch starb Jeanne d'Arc am 30. Mai 1431 im Alter von 19 Jahren auf dem Marktplatz von Rouen auf dem Scheiterhaufen. Um ihren Tod ranken sich einige Legenden. So berichtete ein Zeuge später, dass Jeanne ein Kreuz verlangt und ein englischer Soldat auf die Schnelle eines zusammengebaut und ihr gegeben habe. Außerdem soll sie während der Hinrichtung unablässig um himmlischem Beistand gefleht haben und mit dem Schrei „Jesus!" auf den Lippen gestorben sein.

Nach Jeannes Tod nahm das seinen Lauf, was bereits den König und seine jungfräuliche Helferin entzweit haben mag: eine Verständigung des Hauses Valois und der Armagnacs mit Burgund. 1435 kam es zum Vertrag von Arras, der den innerfranzösischen Bürgerkrieg beendete und eine Aussöhnung einleitete. Damit waren die Engländer auf sich allein gestellt und mussten nach und nach ihre Positionen in Frankreich räumen. Karl VII. war vom mürrischen Prinzen, an dessen Händen das Blut seines Hauptrivalen zu kleben schien, zum glänzenden Sieger des längsten europäischen Krieges aller Zeiten geworden. Heribert Müller hat darauf hingewiesen, dass „erst durch Johannas Bellizismus Frankreich kriegsstärker und Burgund seinerseits friedensbereiter gemacht worden" sei, Karl ohne den Mut und das Charisma der Jeanne d'Arc seinen Triumph also wohl nicht erreicht hätte. 1449/50 fiel die Normandie mit Rouen an die Franzosen zurück, 1452 Bordeaux und 1453 auch der Rest Südwestfrankreichs. Allein Calais beherrschte England bis 1552. Nach dem Hundertjährigen Krieg verlagerte sich der Schrecken dann auf die Insel. 1455 begannen dort die Rosenkriege, schwere Auseinandersetzungen zwischen zwei Adelsfamilien, die noch weitere 30 Jahre andauern sollten. Etliche düstere Gestalten des kriegerischen englischen 15. Jahrhunderts sind uns aus den Dramen Shakespeares bekannt.

Fast unmittelbar nach der Eroberung Rouens ließ Karl VII. die Chancen einer Revision des Prozesses gegen Jeanne d'Arc prüfen. Ihm war dabei vor allem an seinem eigenen Ruf gelegen, er wollte den Makel loswerden, mit einer Ketzerin im Bunde gewesen zu sein; die Jungfrau selbst interessierte ihn nicht besonders. Der Revisionsprozess wurde über sechs Jahre hinweg geführt, bis es 1456, genau 25 Jahre nach dem Tod Jeannes, zur Aufhebung des alten Urteils kam. Viele der Zeugen lebten noch und wurden intensiv befragt. Dabei waren schließlich die Verfahrensfehler von 1431 entscheidend und die Kirche ließ sich herbei, der Annullierung des früheren Spruchs zuzustimmen, nachdem der Königshof die Hauptschuld dafür den englischen Besatzern zugewiesen hatte. Allerdings wurden die Verantwortlichen für den Tod der Jungfrau nicht zur Rechenschaft gezogen.

Diese Entscheidung konnte Jeanne natürlich nicht mehr lebendig und auch ihre Leiden nicht ungeschehen machen, aber sie hat wenigstens posthum ihre Ehre wiederhergestellt. Anderen Opfern der Kirche wie Jan Hus ist dies bis heute nicht zuteilgeworden. Noch viel mehr als Hus polarisiert die Jungfrau die Gemüter bis in die Gegenwart, als Patronin des Nationalstaats, als tiefgläubige Katholikin, als Republikanerin, als leidenschaftliche Royalistin, als Verfechterin einer individuellen Religiosität, als Botin der Neuzeit. Dies reicht so weit, dass der rechtsextreme Front National in Frankreich Jeanne d'Arc als Ikone für seine Botschaften usurpiert hat. Eine große Spannbreite der Interpretation spiegelt sich auch in der Forschungsliteratur über sie wider. Tatsache bleibt, dass sie 1920 endgültig zur Heiligen wurde, was angesichts ihrer Hinrichtung als Ketzerin einen beachtlichen Schritt darstellt. Himmel und Hölle liegen manchmal erschreckend nah beieinander.

Unterschlagung und Geheimnisverrat: Der Tod des Nürnberger Ratsherrn Niklas III. Muffel am Galgen (1469)

Im Jahr 1469 am Aschermittwoch [15. Februar] wurde Herr Niklas Muffel von einem Nürnberger Ratsherrn gefangen genommen, aus der Losungsstube in „das Loch" geführt und dort bis nächsten Mittag von den Stadtknechten verhört. [...] Am 13. Tag danach wurde er zum Galgen verurteilt, weil man ihm vorwarf, dass er aus der Losungsstube 1.000 Gulden, die sich in einer eisernen Büchse in einem Säckchen befanden, und noch etliche Gulden mehr gestohlen habe, die ihm aus dem Ärmel fielen, als er oberster Losunger und Oberster der ganzen Stadt war. [...] Als man über ihn zu Gericht saß, sprach er, dass er nur wegen der schweren Folter gestanden hätte, weil er dabei nicht ohne Absolution sterben wollte. [...] Am 28. Februar hängte man den Niklas Muffel, nach drei Tagen nahm man ihn zu Mitternacht ab und brachte ihn nach Eschenau [zum Begräbnis]. Auf dem Weg zur Hinrichtung, erklärte er, dass er das Geld nicht gestohlen, aber seinen Tod wohl verschuldet habe, weil er die Briefe über die Burg und den Wald Graf Albrecht überbracht hatte, und er bat, für ihn zu beten.

Ins Hochdeutsche übertragen und leicht abgewandelt nach der im Spätmittelalter im Auftrag der Patrizierfamilie Tuchel angefertigten Stadtchronik, den sogenannten „Nürnberger Jahrbüchern des 15. Jahrhunderts", in: Die Chroniken der deutschen Städte vom 14. bis ins 16. Jahrhundert, Band 10, S. 307–311.

Die Darstellung der Quelle beschreibt einen bei den Zeitgenossen gehöriges Aufsehen erregenden Fall – nicht ein gewöhnlicher Dieb wurde da dem Henker übergeben, sondern einer der angesehensten Patrizier, ein Ratsherr der Stadt Nürnberg. Der um 1409/10 geborene Nikolaus III. Muffel stammte aus bedeutenden Geschlechtern der Reichsstadt. Weil seine Eltern schon früh verstarben, wuchs er zusammen mit seiner Schwester bei der Großmutter Barbara auf. Die alte „Muffelin" widmete sich erfolgreich der Mehrung des Familienbesitzes. Das Ansehen der Familie lässt sich daran erkennen, dass der römisch-deutsche und böhmische König Wenzel bei mehreren Aufenthalten in Nürnberg im Haus der Muffel residierte und sich für ihre Dienste mit Belehnungen und Geschenken bedankte. Das eine Mal vergütete der König die fürsorgliche Aufnahme mit einem Splitter von der Heilig-Kreuz-Reliquie, die er um den Hals trug. Das andere Mal erhielt Barbara Muffel den halben Teil der Ortschaft Eschenau vom Herrscher. Sie erwarb noch im gleichen Jahr Ermreuth bei Gräfenberg. Als Nikolaus die Volljährigkeit erreicht hatte, muss sie schon vor ihrem Tod zu seinen Gunsten auf den größten Teil des Besitzes verzichtet haben. Ihren Reichtum hatten sich die Muffel über Generationen hinweg durch den Handel aufgebaut, doch Nikolaus III. schien sich lediglich auf die Teilhaberschaft an Handelsgesellschaften zu beschränken, was ihm zwar Freiräume für seine politischen Ambitionen schuf, sich aber viele Jahre später als verhängnisvoll erweisen sollte. Dank seines stattlichen Vermögens konnte er mit 21 die adlige Margarete von Lauffenholtz heiraten und aufgrund seiner geringen beruflichen Verpflichtungen vermochte er sich schon kurz nach seiner Volljährigkeit ehrenamtlich in den Dienst seiner Heimatstadt zu stellen. Im Alter von nur 23 Jahren wurde er bereits als Jüngerer Bürgermeister in den Nürnberger Rat aufgenommen und zehn Jahre später konnte er in die Riege der Älteren Bürgermeister aufrücken. Der rasche Aufstieg an die Spitze des Stadtregimentes verdankte Muffel seinen diplomatischen Fähigkeiten, die ihn als Gesandter oft über mehrere Monate in andere Städte wie zum Beispiel Rom, an den Hof des Markgrafen Albrecht Achilles von Brandenburg und sogar an den König Friedrichs III. führten, wo er die Interessen der Stadt vertrat. In Anerkennung seiner Leistungen durfte er 1452 die Delegation der Stadt anführen, welche die hier aufbewahrten Reichsinsignien, also die Reichskrone, die Heilige Lanze und das Reichsschwert, zur Kaiserkrönung Friedrichs III. nach Rom überbrachte. Spätestens 1462 hatte Nikolaus III. die höchste Stufe der städtischen Ämterlaufbahn erreicht, als er Vorderster Losunger wurde. Die drei Losunger der Stadt waren so etwas wie oberste Hauptleute, deren Aufgaben mit denen eines Oberbürgermeisters vergleichbar sind. Der Vorderste und der Zweite Losunger hatten vor allem repräsentative Pflichten; außerdem waren sie für die Reichskleinodien und die Finanzverwaltung verantwortlich. Dem Dritten Losunger als oberstem Hauptmann unterstand die Verteidigung.

Finanziell gut gestellt und politisch hoch angesehen widmete sich der Ratsherr seiner liebsten Beschäftigung, dem Sammeln von teuersten Reliquien und Ablässen, fast schon mit der gleichen Leidenschaft und Intensität wie es Kaiser Karl IV. einst getan hatte. Im Laufe seines Lebens brachte er es auf immerhin 308 Überreste von Heiligen, womit er seinem Ziel, für jeden Tag des Jahres eine Reliquie zu besitzen, schon sehr nahe kam. Die Pfarrkirche des im Familienbesitz befindlichen Eschenau wurde von ihm mit Reliquien so reichhaltig ausgestattet, dass es ein Anziehungspunkt für Pilger wurde.

Doch kaum war Nikolaus III. an der Spitze der Karriereleiter angekommen, begann es auch schon heftig zu kriseln. Das Ratsbuch der Stadt verzeichnet ab 1460 mehrere Konflikte im Rat, die sich zwischen Leonhard Groland, Jobst Tetzel und Nikolaus Muffel abgespielt haben sollen. Gegenüber den anderen Ratsmitgliedern soll sich der Letztere mehrfach aufbrausend und selbstherrlich gezeigt haben, womit er sich nicht nur reservierte Zurückhaltung, sondern sogar Antipathie zugezogen haben wird. Für Muffel zog die Auseinandersetzung einen Verweis nach sich. Verärgert über die Zurechtweisung provozierte er neuerlichen Streit und noch schärfere Töne bei den anderen Ratsmitgliedern. Gleichzeitig verstrickte er sich in einen Rechtsstreit mit dem Grafen Berthold von Henneberg über die Besetzung der Propstei von St. Stephan, die Muffel vom Papst übertragen bekommen hatte, die der Kontrahent aber für sich beanspruchte. Als er vom Rat dafür rechtlichen Beistand einforderte, wurde er entschieden zurückgewiesen. Auch dass er sich auf Gemeindeland Wirtschaftsgebäude errichten ließ und nach entsprechender Aufforderung nicht abreißen lassen wollte, dürfte ihm viel Grimm eingebracht haben. In den diesbezüglichen Ratsbescheiden schwingt ein verbitterter Ton mit und zeugt von der gereizten Stimmung. Die Zwistigkeiten mit dem Rat spitzten sich so weit zu, dass dieser besorgt war, der Oberste Losunger könne seine Angelegenheit vor den Kaiser bringen. Erst als Muffel in einer schriftlichen Erklärung förmlich darauf verzichtete, beruhigten sich die aufgebrachten Gemüter wieder.

Aber nicht nur politisch ging es mit dem Ratsherrn bergab. In dieser Zeit dürfte ihn auch seine Sammelleidenschaft zu Ausgaben verleitet haben, die das Muffel-Vermögen nicht tragen konnte. Zum anderen wirkte sich seine Teilhaberschaft an der Handelsgesellschaft des Ratskollegen Anton Baumgartner fatal aus. Im Juni 1465 verließ der bankrotte Baumgartner heimlich die Stadt und hinterließ einen gewaltigen Schuldenberg von 18.000 Gulden. Muffel schien zunächst die schweren finanziellen Verluste auffangen zu können, doch ab 1468 wurde der Verfall seines Vermögens immer spürbarer: Im Februar nahm er ein Darlehen in Höhe von 1.000 Gulden auf, im März verpfändete er die Hälfte des Schlosses und des Marktes in Eschenau und verkaufte im November sogar das Dorf Ermreuth. Dennoch scheinen diese Transaktionen nicht ausreichend und die Situation so kritisch gewesen zu sein, dass der Ratsherr keine andere Möglichkeit sah, als seinen Ruin mit einem Griff in die Stadtkasse aufzuhalten. Die Geldreserven Nürnbergs und die wertvollsten Dokumente bewahrte man in der gut gesicherten Losungsstube auf. Sie befand sich im Erdgeschoss des Rathauses und als Vorderster Losunger hatte Muffel neben wenigen anderen Zutritt. Bei der Gerichtsverhandlung sagten die dort tätigen Schreiber aus, dass ihm bereits im Juni 1468 beim Verlassen des Raumes einige Goldgulden aus dem Ärmel seines Mantels gefallen seien. Zwei Wochen später soll schließlich das Säckchen mit 1.000 Gulden den Weg in seinen Besitz gefunden haben. Noch schreckten die Zeugen vor der Macht und dem Einfluss des Ratsherrn zurück. Als aber im Februar 1469 bekannt wurde, dass Muffel vertrauliche Informationen an Markgraf Albrecht Achilles von Brandenburg-Ansbach weitergegeben und so gegen seinen Amtseid verstoßen hatte, kam es zu seiner Verhaftung. Inhaftiert im Lochgefängnis im Keller des Rathauses wurde er unter Folter verhört. Über das peinliche Verhör existiert ein kurzes Protokoll, aus dem hervorgeht, dass Muffel vom 16. bis 23. Februar 1469 mit Ausnahme des Sonntags in Gegenwart von zwei Schöffen befragt worden ist. Genauestens wurde vermerkt, was der Beschuldigte vor der Folter und danach gestanden hatte. Zwischen beiden Erklärungen lässt sich kein großer Unterschied feststellen, aber wahrscheinlich waren die Angst vor der bevorstehenden Peinigung und die Hoffnung, davon vielleicht entbunden zu werden, ebenso wirksam wie die Folter selbst. Der überführte Ratsherr gestand, vertrauliche Informationen an Markgraf Albrecht

Achilles von Brandenburg-Ansbach weitergegeben sowie das Geld gestohlen zu haben.

In den Tagen vor dem Urteil und seinem Tod hat Muffel im Gefängnis seinen letzten Willen niedergeschrieben. Auf 26 Seiten nennt er in über 100 Punkten alle noch offenen Verpflichtungen und Schuldposten, unerledigte städtische und private Abrechnungen sowie Zuweisungen des noch verbliebenen Besitzes an die Erben. Dass dies alles ungeordnet aufeinanderfolgt und nicht den formalen Voraussetzungen eines Testamentes entspricht, lässt den verzweifelten Seelenzustand Muffels angesichts seiner prekären Situation erkennen. Ihm muss bereits klar gewesen sein, dass der Prozess auf die Todesstrafe hinauslief, denn in diesem Schreiben bat der Ratsherr um die Erfüllung einer letzten Bitte: Er wollte vor seinem Tod die Heilig-Kreuz-Reliquie küssen, die seine Großmutter von König Wenzel bekommen hatte. Doch einem Verbrecher wurden derartige Wünsche nicht gewährt.

Für den Bruch des Ratsgeheimnisses und den Diebstahl konnte es nur eine Form der Strafe geben – den Strang. Am 28. Februar 1469 kam das Nürnberger Gericht zu diesem Schluss und die Hinrichtung Muffels erfolgte noch am selben Tag. Vor der Vollstreckung bat Nikolaus Muffel seinen Beichtvater, den Augustinermönch Simon Lindner, seiner Witwe und den Kindern mündlich eine Nachricht zu überbringen. Doch der Mönch kam diesem Wunsch nicht nach, sondern wandte sich an den Stadtrat. In einer eilig einberufenen Sitzung ließ man von einem Schreiber die nun vorgebrachten Worte des Delinquenten protokollieren: Muffel forderte seine Hinterbliebenen dazu auf, den von ihm verursachten Schaden in angemessener Höhe wiedergutzumachen. Doch der Rat beschloss, dass die Familie keinen Ersatz leisten musste.

Der schnelle Prozess und die harte und sogleich vollzogene Strafe sorgten für große Erregung nicht nur unter den Bürgern Nürnbergs; auch Pfalzgraf Friedrich I., bei dem sich Muffels Sohn Heinrich in Anstellung befand, ließ Erkundigungen über den Fall einholen. Die Auseinandersetzungen zwischen Muffel und den anderen Ratsmitgliedern waren nicht verborgen geblieben und so munkelte man schnell, dass es sich bei der ganzen Sache um einen Justizmord handle, man den mächtigen und bisweilen aufbrausenden Ratsherrn aus dem Weg geräumt habe. Dass auch noch sein ärgster Kontrahent nur wenige Tage nach der Hinrichtung in Muffels Posten aufrückte, bot weiteren Stoff für solche Spekulationen. Der Nürnberger Rat geriet dadurch so unter Rechtfertigungsdruck, dass er einen Boten zum Pfalzgrafen schickte, um den Sachverhalt zu klären. Außerdem fertigte man für den eigentlich mündlich geführten Prozess nachträglich noch schriftliche Zeugenaussagen an, die der kaiserliche Schreiber aus Nördlingen notariell beglaubigte. Ein Hinweis darauf, dass Muffel sein unter Folter abgelegtes Geständnis hinterher widerrufen hätte, fehlt in dem Dokument.

Aus dieser Zeit hat sich ein Volkslied erhalten, das die Unschuld Nikolaus Muffels betont. Auch wenn man einer solchen Quelle keine allzu große Beweiskraft beimessen darf, so zeigt sie doch die Stimmung unter den Nürnberger Bürgern an.

Literatur

Quellen

Abaelard, Petrus: Die Leidensgeschichte und der Briefwechsel mit Heloisa, übertragen und herausgegeben von Eberhard Brost, München [2]1992

Arnpeck, Veit: Sämtliche Chroniken, hg. von Georg Leidinger, München 1915, Neudruck Aalen 1969

Bernhard von Clairvaux: Sämtliche Werke lateinisch/deutsch, Band VI, hg. v. Gerhard B. Winkler, Innsbruck 1995

Chronik des Beneš Kabice von Weitmühl, in: Fontes rerum Bohemicarum, Band IV, hg. von Josef Einler, Prag 1884, S. 459–548

Die Chroniken der deutschen Städte vom 14. bis ins 16. Jahrhundert, Band 28: Die Chroniken der niedersächsischen Städte/Lübeck, Band 3: Der sogenannten Rufus-Chronik zweiter Theil von 1395–1430, Leipzig 1902

Die Chroniken der deutschen Städte vom 14. bis ins 16. Jahrhundert, Band 11: Die Chroniken der fränkischen Städte/Nürnberg, Band 5: Nicolaus Muffel's Prozeß und Verurtheilung, Stuttgart 1961

Dante Alighieri: Die Göttliche Komödie. Vollständige Ausgabe. Aus dem Italienischen übertragen von Wilhelm G. Hertz, München [4]1987

Douët-d'Arcq, Louis C. (Hg.): La chronique d'Enguerran de Monstrelet en deux livres avec pièces justificatives 1400–1444, Band III, Paris 1859

Hasse, Dag N. (Hg.): Abaelards „Historia calamitatum". Text – Übersetzung – literaturwissenschaftliche Modellanalysen, Berlin, New York 2002

Hermann von Reichenau: Chronik, in: Quellen des 9. und 11. Jahrhunderts zur Geschichte der hamburgischen Kirche und des Reiches, neu bearbeitet von Werner Trillmich und Rudolf Buchner, Darmstadt [6]1990

Hus in Konstanz. Der Bericht des Peter von Mladoniowitz, übersetzt, eingeleitet und erklärt von Josef Bujnoch, Slavische Geschichtsschreiber, Band III, Graz, Wien, Köln 1963

Kleinschmidt, Erich (Hg.): Rudolf von Schlettstadt. Historiae Memorabiles. Zur Dominikanerliteratur und Kulturgeschichte des 13. Jahrhunderts, Köln, Wien 1974

Lampert von Hersfeld: Annalen, neu übersetzt von Adolf Schmidt, erläutert von Wolfgang D. Fritz, Darmstadt [4]2000

Lettres d'Abélard et Héloïse. Texte établi et annoté par Éric Hicks et Thérèse Moreau (Lettres gothiques), Paris 2007

Migne, Jacques-Paul (Hg.): Cursus Patrologiae Latinae, Band 182: S. Bernardi Clarae-Vallensis abbatis primi opera omnia, tomus primus, Paris 1862 (Brief des Everwin von Steinfeld Sp. 676–680)

Migne, Jacques-Paul (Hg.): Cursus Patrologiae Latinae, Band 215: Innocentii III Romani pontificis opera omnia, tomus secundus, Paris 1855

Mirbt, Carl/Aland, Kurt (Hg.): Quellen zur Geschichte des Papsttums und des römischen Katholizismus. Band I: Von den Anfängen bis zum Tridentinum, Tübingen 1967

Monumenta Germaniae Historica, Diplomata Regum et Imperatorum, Band X,3: Die Urkunden Friedrichs I. 1168–1180. Bearbeitet von Heinrich Appelt, Hannover 1985

Monumenta Germaniae Historica, Scriptoresrerum Germanicum in usum scholarum 4: Die Annalen von Niederalteich, hg, von Edmund Oefele, 2. Aufl., Hannover 1891

Quellensammlung zur österreichischen und deutschen Rechtsgeschichte vornehmlich für den Studiengebrauch, hg. von Rudolf Hoke und Ilse Reiter, Wien, Köln, Weimar 1993

Quicherat, Jules: Procès de condamnation et de réhabilitation de Jeanne d'Arc dite la pucelle, Bd. V, Paris 1849, Neudruck New York 1965

Salfeld, Siegmund: Das Martyrologium des Nürnberger Memorbuches. Quellen zur Geschichte der Juden in Deutschland, Band III, Berlin 1898

Schroeder, Friedrich-Christian (Hg.): Die Peinliche Gerichtsordnung Kaiser Karls V. (Carolina) von 1532, Stuttgart 2000

Spalatin, Georg: Chronik der Sachsen und Thüringer, fol. 74r–75r: http://spalatin.franconica.uni-wuerzburg.de/login/frame.php (abgerufen am 24.06.2013)

Johnson, Charles (Hg.): The de Moneta of Nicolas Oresme and English Mint Documents (Nelson's Medieval Texts), London 1956

Vita Edwardi Secundi. The Life of Edward the Second, Re-edited Text with New Introduction, New Historical Notes, and Revised Translation Based on that of N. Denholm-Young by Wendy R. Childs, Oxford 2005, Neudruck 2007

Sekundärliteratur

Althoff, Gerd: Heinrich IV. (Gestalten des Mittelalters und der Renaissance), Darmstadt 2006

Appelt, Heinrich: Zur diplomatischen Beurteilung des Privilegium maius, in: Grundwissenschaften und Geschichte. Festschrift für Peter Acht (Münchener historische Studien – Abteilung Geschichtliche Hilfswissenschaften, Band 15), Lassleben, Kallmünz i. d. Opf. 1976, S. 210–217

Barthel, Manfred: Die Templer. Reichtum, Macht und Fall eines Ritterordens, Gernsbach 2005

Beck, Andreas: Der Untergang der Templer. Größter Justizmord des Mittelalters?, Freiburg, Basel, Wien [4]1997/2000

Benrath, Gustav A.: John Wyclif, in: Martin Greschat (Hg.): Gestalten der Kirchengeschichte, Band 4: Mittelalter II, Stuttgart u. a. 1983, S. 219–233

Berg, Dieter: Die Anjou-Plantagenets. Die englischen Könige im Europa des Mittelalters (1100–1400) (Kohlhammer Urban-Taschenbücher, Band 476), Stuttgart u. a. 2003

Borst, Arno: Die Katharer, Freiburg, Basel, Wien [5]1991

Bräuer, Günter/Püschel, Klaus/Wiechmann, Ralf (Hg.): Klaus Störtebeker. Ein Mythos wird entschlüsselt, München 2003

Brühl, Carlrichard: Die Entwicklung der diplomatischen Methode im Zusammenhang mit dem Erkennen von Fälschungen, in: Fälschungen im Mittelalter. Internationaler Kongreß der Monumenta Germaniae Historica, München, 16.–19. September 1986, Band 3: Diplomatische Fälschungen, Teil 1 (Schriften der Monumenta Germaniae Historica, 33/3), Hannover 1988, S. 11–27

Cahn, Julius: Der Rappenmünzbund. Eine Studie zur Münz- und Geldgeschichte des oberen Rheinthales, Heidelberg 1901

Dopsch, Heinz: Artikel Rudolf IV., in: Neue Deutsche Biographie 22, Berlin 2005, S. 179 f.

Druon, Maurice: Die unseligen Könige, Stuttgart 1957 (Zitat auf Seite 89)

Ehlers, Joachim: Der Hundertjährige Krieg, München [2]2012

Ders.: Die Kapetinger (Kohlhammer Urban-Taschenbücher, Band 471), Stuttgart u. a. 2000

Ders.: Heinrich der Löwe. Eine Biographie, München 2008

Flasch, Kurt: Das philosophische Denken im Mittelalter. Von Augustin zu Machiavelli, Stuttgart 2013

Fleischmann, Peter: Rat und Patriziat in Nürnberg. Die Herrschaft der Ratsgeschlechter vom 13. bis zum 18. Jahrhundert. Band 2: Ratsherren und Ratsgeschlechter, Neustadt a. d. Aisch 2008, S. 709–732

Friedenthal, Richard: Ketzer und Rebell. Jan Hus und das Jahrhundert der Revolutionskriege, München 1972 (zitierte Gerichtsszene S. 277–280)

Fryde, Natalie: The Tyranny and Fall of Edward II 1321–1326, Cambridge u. a. 1979

Fuhrmann, Horst: Die Fälschungen im Mittelalter. Überlegungen zum mittelalterlichen Wahrheitsbegriff, in: Historische Zeitschrift 197 (1963), S. 529–554; die Diskussionsbeiträge ebd., S. 555–579; Fuhrmanns Schlussworte ebd., S. 580–601

Gidal, Nachum T.: Die Juden in Deutschland von der Römerzeit bis zu Weimarer Republik, Köln 1997

Görich, Knut: Friedrich Barbarossa. Eine Biographie, München 2011

Haller, Bertold Frhr. von/Kirchhoff, Matthias: Gedechtnusse und schriefft Niklas III. Muffels (1409/10–1469). Neuedition, Übersetzung und Kommentierung des Gedenkbuchs, in: Mitteilungen des Vereins für Geschichte der Stadt Nürnberg 97 (2010), S. 45–109

Hegel, Karl: Beilage. Nicolaus Muffel's Prozeß und Verurtheilung, in: Die Chroniken der deutschen Städte vom 14. bis ins 16. Jahrhundert, Band 11: Die Chroniken der fränkischen Städte/Nürnberg, Band 5, Stuttgart 1961, S. 753–777

Hergemöller, Bernd-Ulrich: Sodomiter. Erscheinungsformen und Kausalfaktoren des spätmittelalterlichen Kampfes gegen Homosexuelle, in: Ders. (Hg.): Randgruppen der spätmittelalterlichen Gesellschaft. Neu bearbeitete Ausgabe, Warendorf 2001, S. 388–431

Hirschmann, Gerhard: Die Familie Muffel im Mittelalter. Ein Beitrag zur Geschichte des Nürnberger Patriziats, seiner Entstehung und seines Besitzes, in: Mitteilungen des Vereins für Geschichte der Stadt Nürnberg 41 (1950), S. 257–344

Hoke, Rudolf: Der Prozeß des Jan Hus und das Geleit König Sigmunds. Ein Beitrag zur Frage nach der Kläger- und Angeklagtenrolle im Konstanzer Prozeß von 1414/1415, in: Annuarium Historiae Conciliorum 15 (1983), S. 172–193

Jaspert, Nikolas: Die Kreuzzüge (Geschichte kompakt), Darmstadt ^{5}2010

Jenal, Georg: Erzbischof Anno II. von Köln (1056–75) und sein politisches Wirken. Ein Beitrag zur Geschichte der Reichs- und Territorialpolitik im 11. Jahrhundert, 2 Bände (Monographien zur Geschichte des Mittelalters 8), Stuttgart 1974

Jordan, Karl: Heinrich der Löwe. Eine Biographie, München 1993

Krumeich, Gerd: Jeanne d'Arc. Die Geschichte der Jungfrau von Orleans, München ^{2}2012

Lambert, Malcolm: Ketzerei im Mittelalter. Häresien von Bogumil bis Hus, München 2001

Lammers-Harlander, Heike: Maria von Brabant – eine Momentaufnahme, in: Mitteilungen des Historischen Vereins für Donauwörth und Umgebung, Jg. 2007–2009, S. 5–39

Le Roy Ladurie, Emmanuel: Montaillou. Ein Dorf vor dem Inquisitor 1294 bis 1324. Aus dem Französischen übersetzt und bearbeitet von Peter Hahlbrock, Neuauflage, Frankfurt/M., Berlin 1993 (Mythos vom Sündenfall S. 378 f.)

Lexikon des Mittelalters, München, Zürich 1980–1999

Lindner, Michael: Friedrich Barbarossa, Heinrich der Löwe und die ostsächsischen Fürsten. Alle gegen einen und einer gegen alle?, in: Hansgeorg Engelke (Hg.): Goslar im Mittelalter (Vorträge beim Geschichtsverein), Bielefeld 2003, S. 175–198

Ders.: Eine Kiste voller Knochen. Kaiser Karl IV. erwirbt Reliquien in Byzanz, in: Jiří Fajt/Andrea Langer (Hg.): Kunst als Herrschaftsinstrument. Böhmen und das Heilige Römische Reich unter den Luxemburgern im europäischen Kontext, Berlin, München 2009, S. 289–299

Ders.: Nähe und Distanz: Die Markgrafen von Meißen und Kaiser Karl IV. im dynastischen Wettstreit (mit Textedition), in: Akkulturation und Selbstbehauptung. Studien zur Entwicklungsgeschichte der Lande zwischen Elbe/Saale und Oder im späten Mittelalter, in Verbindung mit Eberhard Holtz und Michael Lindner hg. von Peter Moraw, Berlin 2001, S. 173–255

Ders.: „Theatrum praeeminentiae". Kaiser und Reich zur Zeit der Goldenen Bulle, in: Die Goldene Bulle. Politik – Wahrnehmung – Rezeption, Bd. 1, hg. v. Ulrike Hohensee, Mathias Lawo, Michael Lindner, Michael Menzel und Olaf B. Rader

(Berichte und Abhandlungen. Herausgegeben von der Berlin-Brandenburgischen Akademie der Wissenschaften, Sonderband 12), Berlin 2009, S. 169–195

Lotter, Friedrich: Die Judenverfolgung des „König Rintfleisch“ in Franken um 1298. Die endgültige Wende in den christlich-jüdischen Beziehungen im Deutschen Reich des Mittelalters, in: Zeitschrift für die Historische Forschung 15 (1988), S. 385–422

Machilek, Franz: Artikel Hus/Hussiten, in: Theologische Realenzyklopädie, Band 15, Berlin, New York 1986, S. 710–735

Ders.: Privatfrömmigkeit und Staatsfrömmigkeit, in: Ferdinand Seibt (Hg.): Kaiser Karl IV. Staatsmann und Mäzen, München [2]1978, S. 87–101

Mentgen, Gerd: Juden. Zwischen Koexistenz und Pogrom, in: Bernd-Ulrich Hergemöller (Hg.): Randgruppen der spätmittelalterlichen Gesellschaft. Neu bearbeitete Ausgabe, Warendorf 2001, S. 335–386

Miethke, Jürgen: Philipp IV. der Schöne (1285–1314), in: Joachim Ehlers/Heribert Müller/Bernd Schneidmüller (Hg.): Die französischen Könige des Mittelalters. Von Odo bis Karl VIII. 888–1498, München 1996, 202-230

Müller, Heribert: Karl VI. (1380–1422), in: Joachim Ehlers/Heribert Müller/Bernd Schneidmüller (Hg.): Die französischen Könige des Mittelalters. Von Odo bis Karl VIII. 888–1498, München 1996, S. 303–320

Ders.: Karl VII. (1422–1461), in: Joachim Ehlers/Heribert Müller/Bernd Schneidmüller (Hg.): Die französischen Könige des Mittelalters. Von Odo bis Karl VIII. 888–1498, München 1996, S. 321–336 (Zitat S. 328)

Mummenhoff, Ernst: Artikel Muffel, Nikolas, in: Allgemeine Deutsche Biographie 22, Leipzig 1885, S. 444–451

North, Michael: Das Geld und seine Geschichte. Vom Mittelalter bis zur Gegenwart, München 1994

Opll, Ferdinand: Friedrich Barbarossa, Darmstadt [4]2009

Ormrod, William M.: The Sexualities of Edward II, in: Gwilym Dodd/Anthony Musson (Hg.): The Reign of Edward II: New Perspectives, Woodbridge 2006, S. 22–47

Puhle, Matthias: Die Vitalienbrüder. Klaus Störtebeker und die Seeräuber der Hansezeit, Frankfurt am Main 1994

Ruhr, Johannes: Störtebeker. Der Weg eines Mythos, Norden 2011

Saller, Martin: Königin Isabeau. Die Wittelsbacherin auf dem Lilienthron, München 1979

Sarnowsky, Jürgen: England im Mittelalter, Darmstadt 2002

Schlotheuber, Eva: Das Privilegium maius – eine habsburgische Fälschung im Ringen um Rang und Einfluss, in: Peter Schmid/Heinrich Wanderwitz (Hg.): Die Geburt Österreichs. 850 Jahre Privilegium minus (Regensburger Kulturleben 4), Regensburg 2007, S. 143–165

Schmiedl-Neuburg, Dieter: Die Falschgelddelikte. Ein Beitrag zur Kriminologie, Kriminalistik und strafrechtlichen Problematik dieser Gesetzesverstöße, Lübeck 1968

Schnerb, Betrand: Jean sans Peur. Le prince meurtrier, Paris 2005

Schubert, Ernst: Räuber, Henker, arme Sünder. Verbrechen und Strafe im Mittelalter, Darmstadt 2007

Seibt, Ferdinand: Hus in Konstanz, in: Annuarium Historiae Conciliorum 15 (1983), S. 159–171

Ders.: Jan Hus, in: Martin Greschat (Hg.): Gestalten der Kirchengeschichte, Band 4: Mittelalter II, Stuttgart u. a. 1983, S. 251–266

Ders.: Karl IV. Ein Kaiser in Europa 1316–1378, Frankfurt am Main 2003

Thomas, Heinz: Deutsche Geschichte des Spätmittelalters 1250–1500, Stuttgart u. a. 1983

Trusen, Winfried: Vom Inquisitionsverfahren zum Ketzer- und Hexenprozess. Fragen der Abgrenzung und Beeinflussung, in: Dieter Schwab u. a. (Hg.): Kirche, Staat, Wissenschaft in einer pluralistischen Gesellschaft. Festschrift zum 65. Geburtstag von Paul Mikat, Berlin 1989, S. 435–450

Tuchel, Susan: Kastration im Mittelalter (Studia humaniora 30), Düsseldorf 1998